¿POR QUÉ YO NO?

Patricia Bartolomé

¿POR QUÉ YO NO?

LA RESPUESTA que estás buscando para TENER UN HIJO, a través de 30 historias reales de éxito.

PsicoBioFertilidad

Título: *¿Por qué yo no?*
© 2018, Patricia Bartolomé
Autoedición y Diseño: 2018, Patricia Bartolomé

Primera edición: enero de 2018
Segunda edición: marzo de 2020
Deposito legal: M-42118-2018
ISBN: 978-84-09-07411-2

Dedicado…
Al más pequeño de todos mis maestros, que es el mayor de todos ellos.

Sobre la autora

Patricia Bartolomé es ingeniera de telecomunicaciones y una incansable investigadora del funcionamiento del ser humano, motivada por su mentalidad científica y la búsqueda de soluciones a sus propias experiencias personales.

Es psicobioterapeuta y terapeuta transgeneracional. Experta en meditación, técnicas de relajación y visualización creativa; así como maestra en diversas técnicas energéticas y máster en PNL (Programación neurolingüística).

En los últimos quince años se ha dedicado a estudiar y comprobar los efectos de los pensamientos, las emociones y la energía en nuestra biología, la unión inseparable de estas cuatro partes que forman el ser humano.

Asesora y acompaña a personas con problemas diversos; entre ellos, todos los relacionados con la fertilidad. Creadora del método Las Leyes de la Fertilidad, ha escrito varios libros sobre el tema, además de dar conferencias e impartir cursos en los que enseña a conseguir el objetivo de ser madre y a recuperar el poder creador de cada persona. Colabora con diversos especialistas de renombre, nutricionistas, ginecólogos o matronas, entre otros.

Patricia ha probado y experimentado en ella misma todo lo que aplica y enseña. Ha ayudado a miles de personas a transformar sus vidas, y en los últimos años, el 95% de las mujeres que han seguido su programa completo de fertilidad son madres.

Índice

Prólogo

Este libro es fértil en cambios que deberás dejar germinar en tu inconsciente.

Este libro está para que nazcas a ti misma, con la iluminada y atenta bondad de Patricia como partera y sabia mujer. Porque todo es solución y, para cambiar en profundidad, tienes que cambiar de paradigma.

Tu problema es una solución.

Patricia posee la experiencia de lo que afirma con dulzura para guiarte en tu salida de las rutinas del pensamiento.

Patricia posee esa intención y ese corazón que permiten ir más allá de las apariencias engañosas.

Patricia posee un pensamiento concreto para llevarte desde la mente hasta la materia fecundada.

Déjate tomar de la mano y del corazón con el fin de recuperar tu morada original mediante la magia de estas páginas expertas.

Christian Flèche

Introducción

¿POR QUÉ YO NO?
Esta es la pregunta que más he oído a todas las mujeres que llevan tiempo intentando tener un hijo y no lo consiguen. Por ello, cuando vienen a verme mi propósito es guiarlas en su búsqueda de respuestas —que las hay— y disipar sus dudas. Te invito a que me acompañes y a que juntas nos pongamos manos a la obra, igual que hizo Irene.

—¿Por qué, Patricia? ¿Por qué yo no? ¿Por qué a mí? Si siento un enorme deseo de ser madre... No lo entiendo...—se atormentaba, confundida, como tantas otras.

—¡Ahí está el problema! —le advertí—, ya que entender es algo muy importante para las personas. Los humanos somos la única especie que necesita entender, y esto a veces lo bloquea todo. Lo primero que tienes que entender es lo siguiente:

Que NO ES NECESARIO ENTENDERLO TODO PARA QUE FUNCIONE. La mente racional consciente no entiende tus emociones, no conoce ni entiende el funcionamiento completo de tu cuerpo (que realiza más de 40 000 funciones simultáneas durante 24 horas al día los 365 días al año, sin descanso, incluso cuando duermes), y aun así, todo funciona sin que tú lo conozcas ni lo entiendas. Esto te dará una idea de la importancia y del funcionamiento real de tu cuerpo a nivel inconsciente, que está admirablemente dotado para la supervivencia, que no te pregunta qué es lo siguiente que tiene que hacer para mantenerse vivo, sino que lo hace directamente sin que tú seas consciente de ello.

Y esto te hará entender que NO ES EL DESEO CONSCIENTE EL QUE CONSIGUE QUE TE QUEDES EMBARAZADA O QUE EL EMBARAZO CONTINÚE hasta que nazca tu hijo, sino TU DESEO INCONSCIENTE, ESE ES EL QUE DECIDE LA CONCEPCIÓN Y EL DESARROLLO DE ESA NUEVA VIDA HASTA SU NACIMIEN-TO. Porque si fuera el deseo consciente, bastaría con pensar-lo, y eso ya lo has hecho muchas veces, ¿verdad? Pero no, no funciona… No es suficiente con pensar en que quiero quedarme embarazada o ser madre, es tu parte inconsciente la que domina esa elección, y con ella vamos a trabajar para que tu respuesta biológica cambie.

A día de hoy, tengo identificados más de sesenta conflictos re-lacionados con el verdadero origen de la infertilidad. Suele ser una causa multifactorial que a veces se manifiesta mediante sín-tomas físicos o a veces no, pero también en esos casos tienen un sentido biológico, con una información celular que es importante trabajar a nivel inconsciente, consciente y emocional.

Por eso, en cada una de las historias que te contaré después como ejemplo, y en la tuya propia, la pregunta clave es **¿por qué lo que me ocurre es la solución?**

Porque lo que hasta hoy has considerado tu problema puede ser tu respuesta de adaptación a algo que ahora mismo desconoces, conscientemente...

El inconsciente biológico está siempre adaptándose y en oca-siones lo hace a través de un síntoma, por el sentido emocional conflictivo que existe en ti; cuando este desaparece, el síntoma también lo hace, ya que la biología solo pretende darte la solución, como metáfora a la solución deseada, según te explicaré más adelante. Cuando el problema original y real se resuelve, la solu-ción desaparece, y con ella lo que para ti constituía el problema por el que vienes a consultarme. Lo que ocurre en ti es el indicador de que algo no está bien en ti, y esa toma de conciencia marca el inicio de la verdadera transformación y de una nueva solución.

En esto consiste lo que llamamos **sentido biológico y memoria celular**: nuestro cuerpo dispone de toda la información a nivel inconsciente, conoce el origen y el sentido que se le ha dado emocionalmente a lo vivido, y el porqué de mantener o iniciar un síntoma, que puede ser algo que crea (como un quiste) o lo contrario (la carencia o eliminación de algo, como una amenorrea o ausencia de menstruación). Sea como sea, tiene un sentido, un sentido biológico de supervivencia y de adaptación a una necesidad no satisfecha. De esta manera, el «síntoma» será la solución metafórica al problema original o todo lo contrario. Lo comprobarás en un ejemplo concreto que leerás en breve.

Esto es lo que hago con cada una de las mujeres que acuden a mí por un problema de fertilidad: ponerme y ponerlas a **la escucha biológica** e inconsciente. No escuchamos lo que se han preguntado y pensado ya cientos de veces, de la misma forma que no han pensado ni planeado su problema ni sus síntomas. Lo que hacemos es descubrir eso que nunca han mirado, ni dicho, ni entendido, porque es ahí donde reside la respuesta.

Cuando te paras un momento a observar el funcionamiento completo de tu ser, de tu cuerpo, de tus pensamientos, de tus emociones... te das cuenta de que tiene una capacidad casi incomprensible de coordinación y de supervivencia, cuya finalidad es mantenerte viva. Por lo tanto, cualquier síntoma que se presente o que se ausente (como el caso de un embarazo que no llega o que se interrumpe una y otra vez), lejos de ser un capricho de la biología, significa algo, y lo que corresponde es que nos cuestionemos por qué y para qué ha buscado esa solución. Cuando te haces ese tipo de preguntas, la biología siempre responde, tu mente puede por fin entender y tranquilizarse, tus emociones encuentran su sitio y pueden expresarse, y tu cuerpo tiene la oportunidad de cambiar.

Ya Hipócrates decía que el cuerpo crea una enfermedad para curarse; en otras palabras: que a veces padecemos una enfermedad mucho más profunda en nuestro interior a nivel emocional y mental, y es con esto con lo que vamos a trabajar y lo que vamos a sanar.

En este afán de sanación constante, la biología se adapta sin preguntarte. Y aquí va el ejemplo al que me refería unos párrafos atrás, que te ayudará a entender el (no tan complejo) mecanismo biológico:

Si subimos a 5000 metros, debido a la menor cantidad de oxígeno, notaremos lo que se conoce como *mal de altura,* que produce mareos y otros síntomas. Entonces, el cuerpo inmediatamente empieza a buscar soluciones de supervivencia y se adapta a la nueva situación fabricando más glóbulos rojos a fin de restaurar en poco tiempo el equilibrio en el nivel de oxígeno. El problema surge cuando en nuestra vida diaria (en el trabajo, en casa, en el entorno familiar o en cualquier otro ámbito) sentimos esa falta de aire, sin motivo aparente. Si no podemos respirar y esa sensación supera un umbral en la persona, y además este conflicto se mantiene en el tiempo, si no es expresado y no se le encuentra solución, el inconsciente biológico, que no distingue entre lo real y lo simbólico (lo detallo en el anexo I de *Las leyes de la fertilidad*), nos ofrece una de carácter metafórico: fabricar mayor cantidad de glóbulos rojos. Esta solución será la que en breve convertiremos en el problema, ya que evidentemente no es la que queremos, y se traducirá en otro tipo de sintomatología y malestar, por los que acudiremos al especialista, quien descubrirá que nuestro nivel de glóbulos rojos está por las nubes y tomará las medidas oportunas; pero este no es el problema, sino la situación que vivimos con esa asfixia, y mientras eso no cambie, la biología continuará actuando conforme le dicte el inconsciente.

De igual manera ocurren cientos de respuestas en tu cuerpo: la piel se broncea o le salen manchas como solución biológica para protegerse, las náuseas y los vómitos son la solución a una ingesta de un alimento en mal estado, etc. Y exactamente lo mismo ocurre con los problemas de fertilidad.

¿Entiendes esto, Irene? —quise asegurarme, antes de continuar con la explicación.

—Sí, aunque no acierto a adivinar **cuál puede ser el problema que mi biología resuelve bloqueando el embarazo** —respondió.

—Te pondré otro ejemplo —intervine yo—, ya que esto ocurre desde el principio de los tiempos para la supervivencia de la especie y la evolución, y por supuesto así sucede también en el mundo animal.
Podemos observar la mutación genética que se ha producido en los elefantes africanos, que nacen sin colmillos como consecuencia de la caza furtiva en busca de marfil, eso es una adaptación para la supervivencia. En algunas regiones africanas, el 98% de las hembras nacen hoy sin sus colmillos, cuando hasta hace poco representaban un porcentaje entre el 2% y el 6%, y esto es debido a que su inconsciente conoce que a una tercera parte de los elefantes del continente esos colmillos les han costado la vida. Por consiguiente, a pesar de que los necesitan para diversas funciones (desprender corteza de los árboles, defenderse de agresores, cavar...), el instinto de supervivencia prevalece sobre la utilidad o el deseo, y ante el riesgo de perder la vida, por la codicia humana de la que han sido víctimas a lo largo de generaciones, su biología ha tomado la determinación de eliminar los colmillos, y ese mensaje se ha grabado en el inconsciente familiar y colectivo, de manera que lo heredan sus descendientes.

Algo parecido te ocurre a ti en relación con tu dificultad para concebir un hijo: se trata de una decisión de tu inconsciente, por razones de supervivencia o de evolución, y de nada sirve tu deseo consciente de ser madre mientras tengas instalada esa grabación.

Así pues, a la vista del ejemplo, deberíamos preguntarnos: «¿Qué ha ocurrido en nuestras generaciones pasadas o cuál es el peligro en nuestras vidas que ha hecho aumentar de una manera alarmante el índice de infertilidad?». Desde luego, tiene que ser algo realmente serio para que tu inconsciente biológico resuelva impedirte la maternidad. Eso cambiará en cuanto asumas que tal impedimento es la solución, no el problema.

Entre dos estreses, tu inconsciente siempre va a escoger el menor, y a día de hoy entiende que supone mayor tensión quedarte embarazada o dar a luz a un hijo, que no tenerlo. A tu mente racional se le escapa el motivo, pero tu inconsciente lo sabe, Irene; tú lo sabes.

Habitamos una sociedad en la que ya prácticamente solo se busca la respuesta en el exterior, por eso andamos tan perdidos. Porque… ¿qué pasa cuando está en tu interior? ¿Y si se ha instalado en un pensamiento, en una emoción, en tu ADN, en tus células, en tu inconsciente, en tu biología…? ¿Cómo acceder a ella? Pues lo que procede es conectar con esa información, destaparla, desactivarla y cambiar el sentido con que se ha vivido. Un acontecimiento —breve o prolongado, formidable o aparentemente irrelevante— puede permanecer latente durante años, ya que en nuestro subconsciente no hay ni espacio ni tiempo, todo es presente, así que para atajar el problema hay que ir al origen, y la buena noticia es que, por difícil que parezca, a veces basta un instante para darle la vuelta a la situación.

—Sí, sí, está claro que en ocasiones somatizamos los problemas; sin embargo, en mi experiencia personal no identifico nada en concreto que represente un obstáculo para tener hijos: no he perdido ningún bebé ni he tenido abortos —reflexionó Irene.

—*Voilà!* —exclamé—. Es que esa es la siguiente pregunta que deberíamos formularnos: «¿Cuándo y cómo hemos instalado o vivido ese hecho de una manera determinada?». Y también: «¿Cuándo hemos sentido esa emoción que nos está bloqueando?».

(Irene me miraba expectante).

El *cuándo* ocurre en diferentes períodos de la vida, exactamente en cuatro. Intentaré resumir:

1. En **nuestra vida cronológica**: en nuestra niñez, adolescencia, juventud o edad adulta. Es el caso, por ejemplo, de mujeres que han sufrido un aborto voluntario, lo cual repercute posteriormente en su fertilidad, o que han visto morir a un hermano pequeño o a su propia madre en el parto… A veces puede ser una memoria de otro embarazo o de vivencias traumáticas, como el de la muerte de una amiga a los 18 años al abortar de manera voluntaria.

Aparte de los eventos en sí, no es extraño que se produzca una repetición, lo que se conoce como un *ciclo biológico memorizado,* que se sucede cada cierto tiempo de forma automática como una nueva oportunidad de resolver el problema. Y no es más que el mismo *software* reactivándose como una alarma programada para que suene cada cinco minutos o cada cinco años. *En la naturaleza todo es cíclico: el día y la noche; las estaciones; nacer; crecer; reproducirse y morir; los ciclos solares, lunares, menstruales, etc.* ***Y así se comporta nuestro inconsciente: guarda información que se presenta de forma cíclica.***

La siguiente historia es una prueba de lo que te acabo de contar. Su protagonista, una mujer con la que trabajé, cuyo nacimiento, a los nueve meses de gestación, marcó el comienzo del fin de la familia, ya que no supieron recibirla; su padre incluso se marchó de casa durante un tiempo, y volvió a hacerlo cuando ella tenía 9 años. Se independizó a duras penas tan pronto como cumplió la mayoría de edad y se fue de casa porque no soportaba aquel ambiente. A los 36, intentó ser madre y se quedó embarazada a la primera, pero perdió a ese bebé y a otros tres después. Entonces, me vino a ver. Ella no se había dado cuenta de que a los 9, 18 y 36 años se reactivaba el programa de romperse el nido, de quebrarse la familia, así como su forma de vivirlo, que se traducía en un mensaje del tipo «como no quiero estar en este nido, en esta familia, el hijo no puede vivir en esa familia».

Este concepto de **ciclo biológico memorizado**, aunque basado en investigaciones anteriores, es un descubrimiento que se atribuye al psicólogo francés Marc Fréchet, quien comprobó que cuando sufrimos un *shock* o una experiencia traumática de la que se deriva un conflicto que no se resuelve, nuestro inconsciente lo graba y es ahí donde se instala el programa que permanecerá en la memoria celular y que se repetirá cada cierto tiempo desencadenado por hechos vividos que tendrán sentires y conflictos emocionales comunes, y funcionarán al mismo tiempo como una nueva oportunidad de resolverse, siempre y cuando seamos conscientes; si no, nos parecerá una terrible vivencia que se repite en forma de destino.

—¡Woow...! —se sorprendió Irene—. ¡Lo que estoy descubriendo...! Visto de este modo, tal vez almaceno informaciones que se activan o alguno de esos programas memorizados, porque episodios similares sí que los he vivido en mi familia...

—¡Y eso que solo he expuesto el primer punto...! Continúo. Quizás halles más paralelismos.

2. En otras ocasiones, el origen está en algo vivido durante el **período fetal:** en nuestra concepción, en nuestra gestación, en nuestro desarrollo dentro del vientre materno o en nuestro nacimiento. Aquí se incluye lo que Fréchet denominó el **proyecto sentido,** es decir, el motivo inconsciente de nuestros padres que propició que fuésemos concebidos. Esta información es muy poderosa, ya que tiene que ver con la motivación inconsciente que nos trajo a la vida, así que la fidelidad al cumplimiento de ese proyecto se mantiene en muchas ocasiones por encima de nuestros propios proyectos y lo que queremos conscientemente en nuestra propia vida.

En la actualidad, conocemos la influencia de las emociones de la madre gestante en su bebé, pero no cómo repercute esa programación inconsciente en la mujer adulta que será en un futuro y en sus posibles embarazos.

Después te contaré algunas historias que reflejan cómo ese proyecto inconsciente, las vivencias de la madre durante el embarazo o el propio nacimiento afectan a nuestra fertilidad de adultas.

3. En tercer lugar, cabe la posibilidad de que el *cuándo* se remonte a una etapa previa incluso a nuestra concepción, o sea, que no se trata de una vivencia propia, sino **transgeneracional**, es decir, **información emocional heredada de nuestros ancestros,** que fueron los que vivieron esa situación, de manera conflictiva, y grabaron esas emociones que han llegado hasta nosotros. En nuestro ADN hay información genética de carácter físico y emocional a la cual nuestra biología responde en el momento presente, porque es cuando tú tienes activa esta información. Como en los elefantes, ¿recuerdas? Fueron sus antepasados las víctimas mortales de la codicia humana y son las generaciones posteriores las que resuelven nacer sin colmillos para asegurar su supervivencia.

Miré el árbol genealógico y el historial que le había pedido, y le hice la siguiente observación:

—Irene, me he fijado en que en tu historia familiar una bisabuela murió en el parto. Es probable que eso influya en tu problema de fertilidad. ¿Lo entiendes ahora?

—Perfectamente, y la verdad es que me tranquiliza, porque llevo tantos años viviendo esto sola y sin respuestas, que por primera vez creo que estoy en el camino correcto. Veo también que he esperado un montón de tiempo a que ocurriera algo que realmente no estaba en mis manos, lo cual me ha hecho sentir muy frustrada, y en cambio ahora sé que puedo manejar y transformar cierta información que hay en mí.

He sufrido mucho, Patricia, y ahora me siento un poco culpable de haber estado tan ciega hasta ahora.

—No debes sentirte culpable de algo que ni siquiera conocías —le aconsejé—. En cada momento has actuado lo mejor que sabías y que podías, así que dejemos a un lado las culpas para pasar a nuevas acciones. ¿Qué opinas?

—Sí, sí. Tienes razón —asintió convencida— Seguramente he tenido la respuesta a mi problema delante de mis narices desde hace un montón, y no la había visto. No importa. Me reconforta saber que por fin estoy cerca de encontrarla y por tanto, de ser madre. No obstante, he de reconocer que aún me siento un poco insegura por no saber cómo va a terminar esta historia. Dime: ¿qué puedo hacer para cambiar esa grabación heredada de mi bisabuela?

—Conectar con esa información que te han transmitido de manera inconsciente y trabajar las creencias que se han instalado, derivadas del sentido que se les ha dado a los hechos vividos —le contesté—. El objetivo evidentemente no es evitar que tu bisabuela muera en el parto, sino conseguir que esa información emocional de lo que supuso vivir algo así, cambie en ti, y para ello disponemos de diversas técnicas.

—Perfecto, ¡porque vaya plan! Yo no quiero repetir esa historia, no me corresponde... no me pertenece y no la quiero —replicó.

—A ver, Irene, es comprensible tu rechazo, pero no vas a lograr que desaparezca la historia solo porque no la quieras. Recuerda que el inconsciente biológico la graba y la transmite con una intención positiva de supervivencia para que no la repitas y pongas en peligro tu integridad física o mental. Tu parte no racional no distingue tus circunstancias de las de tu bisabuela, ignora que en la actualidad disponemos de mejores medios y mejor asistencia sanitaria; por tanto, persiste en privarte de un hijo a fin de evitar tu fallecimiento.

—Pues yo ya tengo claro que esto no lo quiero repetir —insistió.

—Está bien como pensamiento consciente —asentí—, pero necesitamos ir un paso más allá y conectar con las emociones que eso genera para poder cambiar el sentido a todos los niveles: mental, emocional, energético y físico.
La manera de hacerlo es poniéndote en la piel de tu bisabuela o incluso en la de ese bebé que sobrevivió a la muerte de su madre. Van a surgir emociones en ti, y es así como comprobarás que esa información sí te pertenece, es decir, que está en ti en el presente aunque no seas tú quien la ha vivido.
Después verás que haber tomado conciencia de ello te permitirá transformar esas creencias y ese miedo atroz al parto en una sensación de seguridad al pensar en él, y en consecuencia tu respuesta física será otra. A partir de ahí, obtendrás el resto de respuestas.

—Bien… Las opciones no dejan lugar a dudas: se trata de dar una solución a un conflicto heredado o revivirlo como si fuese una forma de reconocimiento hacia ellos —concluyó Irene—. Pero me surge otra pregunta:
¿Todos repetimos una historia?
¿Y para qué se repiten las historias?
¿Para tener el mismo final?
¿Qué posible reparación hay para eso?

—¡Uf! Eso no es una pregunta, ¡son cuatro…! —bromeé—. En relación con la primera, te diré que sí, que todos repetimos alguna historia, porque arrastramos pensamientos y creencias que se repiten.

Como hemos constatado, se trata de una necesidad vital de adaptación, desde el momento que conocer el sufrimiento de los seres que nos precedieron nos ayuda a sobrevivir y a evolucionar. Y acabo de contestar a la segunda. En cuanto a la tercera, no siempre tienen el mismo final, puesto que cuando somos conscientes de la información emocional que llevamos, estamos en condiciones de manejarla y conducirla hacia otro destino.

¿Cómo se hace? Hay varios mecanismos; la terapia ayuda, pero el verdadero mecanismo transformador está en tu interior. Ahora te hago un esquema.

—Y ese mecanismo de reparación hace sentir mal… —adelantó Irene.

—No te voy a engañar: al ser conscientes y conectar con el origen del conflicto, se manifiesta un dolor por el que nos resistimos a atravesar, pero que se desvanece en cuanto lo descargamos.

—Sea como sea, mejor sacarlo, ¿no? Dentro duele más —dedujo muy acertadamente.

—Completamente de acuerdo. Veo que me sigues. Vamos, pues, con el cuarto y último período del *cuándo hemos sentido esa emoción que nos está bloqueando.*

4. Tiene que ver con la **herencia kármica,** que es algo vivido por nosotros mismos en vidas pasadas y que compruebo con muchas mujeres cada día de manera más habitual. Al principio a mí misma me parecía muy raro esto del karma y del alma... Hoy sé que todo lo que no conocemos o no lleva tiempo aprobado y probado socialmente, en el inconsciente y el consciente colectivo, lo ponemos en tela de juicio.

¡En la actualidad hasta se ha podido demostrar la existencia del alma! Y para mayor precisión, su peso. Tras estudiarla a lo largo de más de veinte años, dos científicos han desarrollado la teoría de que el alma está contenida en una estructura de microtúbulos en las células cerebrales, y que no se destruye cuando el corazón deja de latir; simplemente, se distribuye por el universo en forma de información cuántica y existe fuera del cuerpo indefinidamente. Esto explica que una información vivida y almacenada en otro tiempo y en otro cuerpo repercuta en nuestra vida presente y en nuestro organismo.

Yo misma he percibido vivencias en mí que he experimentado en carne propia, y sé que son reales por la intensidad emocional con la que he conectado con ellas. Son vivencias, por ejemplo, en las que hemos abandonado o incluso matado hijos en otras vidas, dentro o fuera del vientre materno, porque eran otros tiempos, porque era una vergüenza, porque no podíamos criarlos, por lo que fuera... pero lo cierto es que una parte de nosotras paga las consecuencias ahora... hasta que lo sacamos a la luz y todo cobra sentido.

Volviendo a tu pregunta de cómo encontramos y cambiamos esta información, Irene, te diré que lo que hacemos es el camino inverso.

<u>De forma esquemática, el proceso de cómo comienza y termina el problema es el siguiente:</u>

Hecho ocurrido

Vivido de una forma determinada e individual

El **sentido que cada uno le da**, y por supuesto subjetivamente es dramático, emocionalmente intenso, no se expresa, **no le encontramos solución** y una necesidad vital queda pendiente en nosotros.

La biología da la solución de supervivencia, evolución y adaptación

Por eso cada síntoma o la ausencia de este es una metáfora corporal del conflicto o la solución

Aparece el síntoma, llamado «problema»

En este caso puede ser no quedarnos embarazadas, ausencia de regla, endometriosis o un aborto.

Problema de fertilidad

¿Y qué medida adoptamos para el cambio?

Recorrer el camino inverso:

> Partimos de un problema de fertilidad

En este caso puede ser no quedarnos embarazadas, ausencia de regla, endometriosis o un aborto, cualquier problema por el que no llevamos un embarazo hasta el final.

> Encontramos el síntoma o lo que hemos llamado el problema

Porque cada síntoma o la ausencia de este es una metáfora corporal del conflicto o una metáfora de la solución.

> Observamos porque la biología ha dado esa solución de supervivencia, evolución y adaptación

Debido al **sentido que cada uno le da**, y por supuesto subjetivamente, es dramático, emocionalmente intenso, no se expresa, no le encontramos solución y una necesidad vital quedó pendiente en nosotros.

> Llegamos a un Hecho ocurrido

Vivido de una forma determinada e individual, por nosotros, por nuestra madre cuando estamos en su vientre, o por algún antepasado del cual tenemos esa herencia emocional.

Es fácil comprobar el funcionamiento de esta cadena cuando se llega a la emoción que se busca. Surge de manera espontánea porque existe y reside en el interior; no es algo que se pueda entender, es algo que se puede experimentar y sentir, y desde ahí, expresar. Y en ese instante de la liberación se produce el cambio de sentido. Es entonces cuando la biología ya no necesita adaptarse a esa información.

El inconsciente biológico va aún más allá… Dependiendo de la parte del cuerpo donde se localice el síntoma, el sentido del conflicto será diferente: si es en un ovario, lugar donde se origina el folículo y la célula que dará origen a la vida; o en una trompa, que es el pasillo, la cinta transportadora que lo hará llegar hasta el lugar donde anida, además del sitio donde se produce la fecundación, la aceptación de lo masculino, de la unión; o en el útero, donde se implanta y echa raíces para arraigarse, plantarse y crecer, ahí empieza a alimentarse de su tierra, de su madre.

Padecer un síntoma (endometriosis, ovarios poliquísticos, etc.) cuya consecuencia es un problema de fertilidad, tiene otro origen de carácter emocional, y esa es la clave. Por lo tanto:

¡Ten en cuenta que no quedarte embarazada es un síntoma y un problema de fertilidad!
¡Y que quedarse embarazada y perderlo también es un problema de fertilidad!

Para cada uno de ellos hay un sentido biológico de supervivencia (la propia, la de otro o la de la especie), que dependerá de una necesidad o carencia que acusamos, según como afrontamos la vida.

Nunca la causa es lo que ocurre fuera, sino cómo yo lo vivo. Nunca responde a una lógica puramente mental, intelectual o racional, sino que es una lógica en el cuerpo, arcaica, sencilla, animal…, que es la que lucha por garantizar nuestra supervivencia.

La lógica mental se encarga de intentar convencerte de que no pasa nada, de que aún eres joven, de que tienes tiempo para ser madre, de que si no tienes hijos, pues tampoco son imprescindibles... Pero esta lógica no vale cuando para ti un hijo constituye un pilar fundamental en tu proyecto de vida, y entonces es posible que tu naturaleza reaccione creando quistes en los ovarios, como una metáfora del ser que deseas engendrar. Así se comporta tu lógica corporal, y esa será la que escuchemos.

Te voy a contar algunas historias de casos concretos de infertilidad, cien por cien reales, que no encontrarás con este detalle en ningún otro lugar. Te ayudarán a entender mejor lo que te he explicado.

En cada caso te indicaré si el origen del conflicto está en la **Vida cronológica** (cualquier experiencia de tu vida), en el **Período fetal** (desde antes de la concepción, hasta después del nacimiento), o en la **Herencia emocional** (de tus antepasados o tuya propia). También te resumiré el conflicto relacionado con el problema de fertilidad y verás que este no es el problema sino la solución biológica, bien por repetición, por oposición o por reparación. Te propondré también algunas soluciones que deberías de tener en cuenta.

Te pido que leas cada relato dejando que te atrape. Tal vez alguno necesites leerlo más de una vez. Quizá algún otro te parezca intrascendente o incluso te produzca rechazo. ¡Cuidado! Puede ser la señal de tu conflicto... Estate atenta a cualquier sincronicidad, a cualquier señal, idea o palabra con que te sientas identificada. Haz una lectura detenida de las sensaciones y emociones que te provocan, porque si te ves reflejada, como si te estuvieras leyendo a ti misma, de ese modo el inconsciente te estará revelando el secreto de tu bloqueo. Escucha a tu cuerpo a la vez que le lees cada historia; la biología es incontrolable y responde inmediatamente cuando conecta con su conflicto.
No desestimes ninguna señal....

¿Preparada?

El ser está lleno de pensamientos, emociones y energía, que cambian a cada instante. El funcionamiento de toda esa física y química que compone nuestro cuerpo es inconsciente en más de un 90%. Si no tratamos esta parte, no podemos tratar en la mayoría de los casos el origen de nada. ¿No te parece que sería irresponsable rechazar esta parte?

Sin duda, el ser humano cuenta con una herramienta única de evolución y de sanación: es la curiosidad, la observación y la apertura a lo nuevo.

¡No creas nada! ¡Experiméntalo y saca tus propias conclusiones!

Advertencia:
El propósito de la autora es reproducir fielmente las historias, las emociones y las palabras de sus protagonistas. Algunos de los casos, así como el lenguaje empleado para contarlos, pueden herir la sensibilidad de algunos lectores.
Algún detalle puede parecerte macabro o desagradable. Porque el inconsciente es así: hace lo que sea por satisfacer sus necesidades vitales más profundas.
No se pretende convencerte de nada, ni que tu mente racional lo entienda todo, igual que tampoco entendemos nuestros sueños, porque hablan un lenguaje simbólico. Hecha la advertencia, empezamos…

1. TENGO QUE DARLE LA VIDA... A OTRO

1.1 Tengo que darle la vida... a mi madre... (Patricia)

De mi propia experiencia aprendí que no podía ser madre si tenía que darle la vida a otro. En mi inconsciente, ese proyecto de dar la vida ya estaba asignado. Lo descubrí precisamente cuando buscaba un hijo, en mi tercera consulta, justo antes del segundo embarazo bioquímico.

Estaba segura de que había algo, pero no sabía el qué, y como no se puede estar en misa y repicando (en mi caso, ser terapeuta y paciente a la vez), llamé a una de las personas que me ayudaba a hacer este trabajo en mí misma y concerté una cita para tratar el conflicto que se debatía en mi interior.

Tengo la suerte de estar rodeada de compañeros terapeutas a los que recurrir cuando los necesito, con los que siempre comparto lo que pienso y siento, lo que me está pasando, el proceso que estoy viviendo, y que suelen acertar con la clave de lo que me ocurre; me proporcionan una pista, una señal, que me ayuda a identificar qué asunto he de trabajar... Por eso, aunque a mí ya me rondaba esta sospecha de que en mi mente se había asentado la idea de tenerle que dar vida a otra persona (porque ya conocía todo lo que tú estás aprendiendo ahora), les comenté mi situación en los últimos tres meses: un aborto, un falso positivo y un estado de ánimo, como consecuencia de ello, cercano a la obsesión. No me podía creer lo que me ocurría, pero lo que sí tenía claro es que se trataba de la solución a algo y que en mi mano estaba cambiarlo. Me habían sugerido varias veces volver a mi proyecto sentido y trabajar sobre la vivencia de mis padres en torno a mi concepción. Lo cierto es que en ese momento todo lo relacionado con gestación, vida, sentido o proyecto de vida retumbaba en mi cabeza como un bombo, y se revelaba como un síntoma inconfundible. Tal vez ahí estaba la respuesta, así que le pedí a mi compañera que focalizásemos la terapia en ese aspecto. Ella me preguntó en cuál de los dos pensaba yo que debíamos centrarnos, y algún tipo de conexión debía de existir con mi madre porque no vacilé ni un segundo al contestarle.

Estuvimos charlando durante unos minutos acerca de los sentimientos y sensaciones de mamá en el instante en que me concibió. Al principio, yo relaté las circunstancias externas y no ahondé en su interior; sin embargo, a medida que avanzaba nuestra conversación y la terapeuta apuntaba directa al objetivo, se me empezó a poner muy mal cuerpo. Lo noté especialmente al referirme a lo sola que estaba, lo desamparada que se encontraba… Ella, que había salido de su casa huyendo de su padre, resulta que acabó casada con mi padre, que era peor… Tras la boda, alrededor de un año después, se había ido a vivir a doscientos kilómetros de su familia, y principalmente echaba en falta a su madre, su único apoyo y su único amor. Esa era su realidad, y el panorama que se le presentaba por delante no se las prometía felices, conviviendo con un hombre que estaba lejos de tratarla bien, aislada en un lugar casi deshabitado y rodeado de nieve que hacía aumentar el frío interior. Lo que pretendía que fuese una solución se había convertido en encerrona en la que se sentía aún más desprotegida. Así, poco a poco nos fuimos metiendo en su inconsciente. Cuando yo había conectado lo bastante con su historia, con sus emociones y con la información que la llevaba a concebirme, cuando escuché la pregunta «¿Por qué es importante para tu madre

quedarse embarazada en ese momento de su vida?» comprendí que precisamente lo que necesitaba era vida, porque no la tenía; de manera que traer un hijo al mundo significaba rescatarla de la existencia mortecina en que se había sepultado. Un nuevo ser la ayudaría a salir de su catacumba cotidiana. Lo vi tan claro… Su proyecto para mí era darle vida a ella. En realidad, siempre escuché esa frase… «esta niña me da la vida…»
Además, era fundamental que naciese niña, ya que para ella solo una mujer sabría acompañarla y estar a su lado como ella necesitaba; los varones no hacían eso.

Cuando has sido engendrada con una determinada finalidad, aunque no es consciente sino una necesidad vital, ese programa de cumplir esa misión te persigue inconscientemente, sin tregua, en forma de obligación, en este caso hacia la madre. Para mí, se había grabado muy fuerte el mensaje, y me di cuenta a través de un ejercicio de visualización en que nos imaginé a las dos sentadas frente a frente y yo le devolvía su proyecto mediante un símbolo. Lo hicimos muy bonito, con un color y un objeto que representaban ese acto de darle vida. Le entregué lo que era suyo, como adulta responsable del destino que había elegido, y le expliqué que yo no estaba allí para colmar su vacío o compensar sus carencias.

Me costó tanto desvincularme de su objetivo... en el proceso de la terapia llegué a preferir mantenerme fiel a él y continuar con esta programación que llevaba instalada desde mi concepción. Temía fallarle y volver a dejarla muerta en vida. A pesar de todo el dolor que me causaban mis intentos fracasados de ser mamá, me parecía mayor el sufrimiento de abandonar a la mía. Me bloqueaba mi inconsciente, que actúa según lo que conoce, y que en consecuencia me impedía continuar adelante con mi propio proyecto vital, pues entendía que de ese modo moriría el de mi madre.

Pasé un rato bien duro. Te prometo que me dolió hasta lo más profundo de mis entrañas. Finalmente, logré desprogramarme y reiniciarme. Al mes siguiente me quedé embarazada de nuevo, pero de nuevo se fue… Lo asumí como la señal de que había conseguido solucionar algo y caminaba en la dirección correcta, aunque todavía quedaba algo por resolver, era evidente. A menudo se lo digo a las mujeres que me consultan: eso es un síntoma de que se esconde alguna otra información que bloquea nuestra biología, y hay que indagar para actuar sobre ella.

Este trabajo además me sirvió para tomar conciencia de que el cometido asignado realmente había determinado mi vida, no solamente ahora que buscaba tener un hijo, sino a lo largo de más de 35 años pendiente de mi madre, de sus problemas, de sus preocupaciones, de sus miedos…, para que nunca nunca reviviese su drama previo a mi concepción, porque para eso había venido yo al mundo: para salvarla y más concretamente para darle la vida, con el consiguiente resultado de que ni podía vivir la mía propia en muchos aspectos, ni podía dársela a otro ser. Por fin me liberé de ese patrón, y de inmediato comencé a percibir cambios en diferentes facetas: como profesional, como mujer, como adulta, y por supuesto, aunque por entonces aún no lo sabía, como madre…

Muy unido a este conflicto se halla el de asumir responsabilidades que le corresponden a nuestra madre, es decir, desempeñar el papel de la mamá de nuestra mamá… Cuando eso ocurre, el inconsciente interpreta que el puesto de hijo ya está ocupado; por tanto, dificulta o evita la llegada de un nuevo ser, pues desplazaría al que ya tenemos —nuestra madre—, y si hemos sido concebidos para ello, nuestra fidelidad inconsciente no permitirá (hasta que tomemos conciencia y lo cambiemos) que abandonemos esa «misión».

Es el caso de Rocío, que te invito a leer a continuación…

1.2 Tengo que darle la vida... al abuelo...

Rocío había nacido el 7 de noviembre, un día y 60 años después que su abuelo. Puede parecer una «casualidad», pero yo sé que no lo es. He atendido tantos casos de este tipo, que ya no creo en las casualidades; es más, podría afirmar con bastante seguridad que no existen.

El inconsciente, al igual que la biología, nunca descansa. Uno y otra siempre están trabajando para ti y para tu supervivencia, y para encontrar soluciones a conflictos que tú hoy ni conoces ni entiendes, que incluyen información con fechas, símbolos, acontecimientos...

¿Y qué mejor momento para re-vivir y re-nacer que justo el día siguiente al cumpleaños de la persona a la que te hubiera gustado, a ti o a alguien de tu clan, darle la vida, que su vida continuara y estuviera vivo aún?

El abuelo de Rocío habría cumplido 61 años la víspera de su nacimiento. Ella no lo pudo conocer, pero su inconsciente sabe muy bien que toda la familia querría tenerlo presente, así que cada 7 de noviembre lo recuerdan coincidiendo con el aniversario de ella. Es una fecha muy emotiva, especialmente para su madre, a quien el triste suceso la sorprendió embarazada.

Si fuéramos capaces de entender este tipo de cosas, podríamos disfrutar mejor de la vida, asimilar la muerte de una forma más consciente y con un sentido diferente, focalizándola en las bonitas vivencias, en vez de sufrir y rememorarla a través de otra persona. Cada doce meses, el cumpleaños de Rocío servía de excusa para «festejar» el del abuelo en clave de tristeza, de manera que ella no solo pasaba a un segundo plano, sino que además cargaba con una pesada losa. Hoy eso ha cambiado, y Rocío celebra su cumple, el del abuelo y el de su hija, que nació meses después de que realizáramos este trabajo.

No te voy a contar cómo se quedó embarazada ni cuándo dio a luz a la niña porque este libro no va de eso. No va de señales, de sincronicidades ni de simbolismos; trata de motivos inconscientes que producen el bloqueo que nos impide concebir o tener un hijo de forma sana y satisfactoria, pero te lo puedes imaginar, ¿no?

Rocío padecía asma congénita, un detalle muy relevante en su historia, como comprobarás a continuación.

Llevaba seis años buscando un bebé. Nunca había logrado un embarazo hasta que, por fin, transcurrido ese largo período, una fecundación *in vitro* había resultado exitosa, seis meses antes de venir a verme. Sin embargo, no salió adelante y abortó a la sexta semana.

¡Qué «casualidad»!, ¿a que sí? A veces a mí misma me parece como de broma, pero la realidad a menudo supera a la ficción. Sin conocer aún nada de su vida, no me cupo duda de que el 6 sería importante. ¿Por qué? ¿Su inconsciente había grabado algo a sus 6 años, a sus 6 meses, en el sexto mes de gestación? Esta fue una de mis primeras preguntas y de mis primeras hipótesis, así como la relación con la muerte. Además, me había llamado mucho la atención algún otro dato que, estaba segura, tendríamos que trabajar, pero no era el objeto de esta vez.

—Rocío, cuéntame qué ha ocurrido en estos seis años de búsqueda —comencé.
—Que sea significativo… nada… —afirmó.
Y verdaderamente era así, según me lo confirmó una breve charla acerca de su pasado reciente. Fui más atrás:
—¿Y algo que te pasara a los 6 años de edad?
Tampoco acertó a señalar episodio alguno. No en esa ocasión, pero sí en la siguiente visita, cuando haciendo memoria destacó que había fallecido su abuela materna.
—¿Y a los 6 meses? —continué.

—Fue cuando me diagnosticaron el asma… Mi primera crisis. Eso me ha contado mi madre —respondió.
—¿Y qué ocurrió en tu gestación, durante el embarazo de tu mamá? Más concretamente, en torno al sexto mes… —indagué.

En este punto, se me ocurrió actuar sobre su inconsciente para que reviviera aquella primera crisis asmática, pero decidí retomar la experiencia traumática de la muerte del abuelo. Sea como fuere, ambas opciones nos llevarían al mismo lugar.

En su árbol genealógico constaté lo que ya sabía: que su abuelo materno había fallecido unos meses antes de nacer ella. Rocío añadió que la causa fue un cáncer de pulmón y me comentó que su madre, embarazada de ella, lo había pasado mal. Información meramente descriptiva. Advertí que nunca nadie en la familia había profundizado en el dolor de su madre y en su debate interior entre la tristeza porque se moría su padre y la alegría por esa criatura que crecía en su vientre, una contradicción que vivió su madre durante todo el embarazo y por supuesto también el bebé.

Le propuse que cerrara los ojos y comenzara a respirar lentamente, a ser consciente de las sensaciones en su cuerpo:
—Rocío, nota cómo cada vez que inspiras, el aire llega a cada célula. Tu cuerpo entero se llena de vida; y al exhalar, todo eso se vacía. Nota cómo además, en cada respiración completa tras esa inspiración y exhalación, una parte de tu memoria celular, de tu inconsciente, retrocede un año, de forma que con tres respiraciones tienes tres años menos, y así sucesivamente hasta que en la última respiración pasas a tener un año, y un poquito más atrás, seis meses… Y deja que una parte de ti que conoce la vivencia se sitúe en ese instante, en el que ves a ese bebé tan chiquitito, que se ahoga, y tu sigues respirando…

Según le hablaba, Rocío empezó a toser fuertemente y a quedarse sin aire… Le aseguré que no debía preocuparse, que su organismo reaccionaba de ese modo al conectar con su memoria prenatal y responder a esa información. Le ofrecí un vaso de agua, esperé a que se recuperase y luego le pedí que me describiese la sensación que se apoderaba de ella.

—Me ahogo, me ahogo, no puedo respirar... Me falta el aire, me falta el aire, me muero... —repetía.
—Calma, calma, no va a pasar nada —la tranquilicé—. Aunque parezca que te vas a morir, eso no sucederá. Deja que tu cuerpo reviva esa sensación e identifique a quien dice esas palabras, si eres tú u otra persona.
—No sé, no sé... —vaciló—. Es una mujer adulta.
—Sí, probablemente, tu madre —opiné.

De pronto, como si su inconsciente hubiese apretado el botón de *play* para proyectar la película grabada, Rocío contempló la escena con total nitidez y rompió a llorar, presa de una intensa emoción. Las palabras que había comenzado a pronunciar pertenecían a su madre, sentada junto a su padre moribundo en la cama del hospital: «Se muere, se muere, se muere... Se ahoga y no puedo hacer nada. Se va, se muere...». Se le quebraba la voz al expresarse, a pesar de que supuestamente ella nunca había sido testigo de aquella agonía; lo cierto es que, desde el útero materno, la había percibido con mayor intensidad que nadie.

Ahora, tras observar la secuencia desde dentro, tocaba distanciarse y ver desde fuera a esa mamá embarazada junto a su padre, en una situación tan crítica. Al hacerlo, el gesto, la postura y la expresión de Rocío cambiaron por completo; por primera vez era consciente de que aquel dolor era el de su madre, producido por la impotencia de asistir a la muerte de su padre y no poder salvarlo. Ese hondo desgarro se lo transmitió a ella, que frente al último suspiro representaba el aliento vital; es decir, el mensaje que el inconsciente —ajeno a las circunstancias concretas— le estaba comunicando a su hija era el de intentar insuflar vida a quien la perdía irremediablemente, y en la biología de Rocío quedó impreso para siempre. En cualquier caso, por más que se aferrasen ambas a un soplo de esperanza, el abuelo falleció.

Su madre estaba embarazada de seis meses. Desde el exterior conectamos con ese bebé que se desarrollaba en la tripa de mamá y le explicamos el fatal desenlace al que acabábamos de asistir. Fueron unos minutos absolutamente conmovedores, en que Rocío dio rienda suelta a sus emociones ocultas, presenció el sufrimiento de su madre desde una perspectiva más alejada, lo separó del suyo propio y por fin pudo realizar el duelo.

Todavía dio un paso más y se dirigió a su madre para ayudarle a transformar su desconsuelo en un sentimiento positivo, porque el abuelo se había ido con la alegría de saber que pronto nacería su nieta; y también, para ayudarle a comprender que el nuevo ser no venía para sustituir a otro.

—¡Qué pena, qué pena…! —se lamentaba Rocío.
—Sí, muy duro —asentí—. Date cuenta de que esa niña que aún se está gestando es pura receptora de emociones, siente y graba lo que percibe, pero no puede devolverle la vida a su abuelo… Ha llegado la hora de que os despidáis, y os halláis en condiciones de hacerlo cada uno desde su posición, sin solapamientos, sin desempeñar una función que no corresponde.

Esta parte hizo que volviera a subir la intensidad emocional. A Rocío le costaba separar a los tres en la imagen, y susurraba por boca de su madre: «Papá, no te vayas. Papá, no te vayas…». Por ello, tuvimos que repetir varias veces el acto de colocar a cada uno en su papel, hasta que paulatinamente la mamá se fue relajando y consiguió aclararle a su bebé que ese dolor y ese deseo era de ella y que la única misión para su hija consistía en llegar al mundo, no en darle vida a su abuelo.

Al finalizar el ejercicio, cuando Rocío salió de ese trance en el que se había sumido, charlamos un poco más sobre la enfermedad de su abuelo. Me confesó que había ido atando cabos y sospechaba que su madre había buscado el embarazo a modo de mecanismo de compensación, pues meses antes de concebir ya sabía que su padre estaba muy enfermo. Nunca llegamos a explorar el proyecto sentido de la madre de Rocío, pero estoy bastante convencida de que, si lo hubiéramos hecho, habríamos descubierto que era el de darle la vida a su padre también o algo muy relacionado.

No hizo falta rastrear nada más. Rocío se quedó embarazada en su siguiente fecundación *in vitro* y llegó a término. Además, se llevó una solución a sus crisis asmáticas, que desaparecieron. Impresionante, ¿verdad?

Bloqueo:
Necesidad propia o del clan familiar de dar vida a alguien que se fue. Un nuevo ser es concebido para ello, o como en este caso, que nace en la fecha que otro nace o muere, como si así continuara su vida. Si tenemos instalado el programa de darle la vida a otro, es difícil dársela a un nuevo ser, a un futuro hijo, porque ese puesto ya está ocupado de alguna manera.

Origen del conflicto:
Vida cronológica - **Período fetal** - Herencia emocional

Solución:
Tomar conciencia de esa vinculación y separar a ambas personas, mediante el mensaje y algún acto simbólico. Expresar el contenido emocional y devolver ese deseo a quien corresponda; en este caso, a la madre.

2. LOS NIÑOS SE MUEREN

Gema se cuidaba mucho. Me contó que estaba preparándose incluso para recibir la transferencia de dos embriones que tenía congelados, estaba haciendo un gran esfuerzo en crear una casita adecuada para ellos.

—He dejado de fumar y he mejorado la alimentación. Doy un paseo diario y hago todo lo que puedo y más para encontrarme lo mejor posible. Pero me preocupa que lleve casi tres años intentando quedarme embarazada y aún no lo haya logrado. Resulta como mínimo sorprendente que me ocurra esto, porque a los 33 todavía soy joven; la mayoría de las mujeres que conozco con problemas de infertilidad son mayores, y resulta que yo ya he tenido que recurrir a la reproducción asistida… Me cuesta creerlo.

Gema, como muchas otras, no sabía que lo que influía de forma determinante en su «problema» no era algo consciente, aunque lo que hacía ayudaba. ¿Qué más había?

—Nunca había pensado en todo esto que cuentas —me dijo—, pero asistí a una de tus conferencias y cuando te oí hablar de la herencia que recibimos inconscientemente para ser madres me quedé muy tocada con lo del árbol genealógico, y hoy estoy aquí para investigar más sobre ello, porque creo que algo está influyendo en mí.

—Bueno, sí, claro que influye en tu objetivo, pero recuerda que no hay problema, sino que esa es tu solución biológica —le aclaré.

De todas las personas que pasan por mi método, Gema se reveló como una de las mejores. Cuando llegó a nuestra primera sesión, ya había preparado todo lo que le pedía, había respondido a mis cuestionarios, había hecho su árbol genealógico e incluso había advertido bastantes coincidencias y le habían sorprendido curiosos descubrimientos que tenía detalladamente apuntados, así que nos pusimos manos a la obra y enseguida me llamó la atención la cantidad de niños que habían fallecido en ese clan. El dibujo de su árbol estaba lleno de crucecitas, era algo impresionante, incluida la que señalaba a un bebé que había muerto con poco más de un añito; y justo nueve meses después había nacido ella.

Cabe destacar que ella era profesora de Infantil, algo muy típico en personas que, por alguna razón, tienen la información de que a los niños les pasan cosas, y entonces sienten la necesidad de cuidarlos.

En la rama de su familia materna, tres de sus seis tíos no habían llegado a nacer, y el cuarto se había suicidado joven. En cuanto su madre, dio a luz al bebé que falleció (al que me referí antes), y luego nacieron Gema y su hermana, ambas sin hijos. Las otras dos hermanas de su madre no habían tenido descendencia, y de ahí por arriba… no os podéis imaginar: niños fallecidos antes de los tres años o en el parto, abortos, familiares que se habían quitado la vida (entre ellos, su bisabuelo, el tío ya mencionado, un tío abuelo, un primo…), pero sobre todo resultaba llamativo el drama de los pequeños.

—Gema, ¿te has dado cuenta de esta terrible repetición en tu árbol genealógico? —le pregunté.
—Pues la verdad es que hasta hoy, no —respondió.
—Y ahora que eres consciente, ¿qué te parece? —continué.
—Sinceramente, un poco fuerte… —confesó—. E incluso me molesta que mi madre me haya ocultado tantas muertes de niños y tantos embarazos sin (feliz) término como ha habido, porque digo yo que este tipo de cosas se cuentan, ¿no?

—Deberíamos hacerlo, sí —convine con ella—. En mi opinión, si les queremos hacer un favor a nuestros hijos, en vez de mostrarles solamente la parte bonita de la realidad, convendría asimismo compartir con ellos lo más secreto, lo más tremendo, lo que más nos hizo sufrir y llorar, lo que más nos preocupa, lo que más nos dolió… Esto no les causa ningún mal; al contrario, les descarga. Sin embargo, las madres, desde su instinto protector, inconscientemente creen que les evitan el sufrimiento edulcorando la verdad: el embarazo (no siempre deseado), el parto, la familia… Es fundamental expresarlo todo para que esa información se libere y no se convierta en una bola de nieve inmensa. De cualquier forma, no les culpes; actúan pensando que es lo mejor.

Gema, vamos a contar el número de niños que han muerto, chiquititos o durante la gestación, porque esto es superdramático para la familia y una emoción intensísima, en concreto, para la madre; tanto, que las siguientes generaciones adoptan la solución inconsciente de no procrear a fin de prevenirse del dolor más grande que existe, que es perder a un hijo. Se trata de una solución muy trágica, aunque la alternativa es sin duda peor. Venga, hagamos el cálculo.

—Por parte de mi madre, en las tres últimas generaciones, catorce —comprobó.

—Tremendo —lo cierto es que me estremecí—. Observo que a la mayoría no les has puesto el nombre ni una fecha exacta, lo cual significa que no están al cien por cien reconocidos, para que de alguna manera se los olvidara o se olvidara esa profundísima pena…

En ese momento, se emocionó.

—Normalmente, el problema reside ahí —recalqué—, en que preferimos no mirar, obviarlo, negarlo, hacer como si no hubiera sucedido para no sentir el desgarro. Un engaño que no resuelve nada.

Fíjate: tu propia madre perdió a su primer hijo con un añito, y evidentemente le duele en el alma como una aguja punzante;

probablemente, tú fuiste concebida de inmediato para sustituir a ese niño y ocultar ese dolor, es lo que se llama un *hijo de reemplazo* (este aspecto también tendremos que trabajarlo, tu *proyecto sentido* y tu programación). Por su parte, tu abuela tuvo tres abortos y cuatro hijos; y tu tía, cuatro abortos, además del suicidio de tu tío. Tu biología conoce muy bien la maldición, una amenaza que se repite generación tras generación, y a ti te toca vivir esto porque está en tu programa, por repetición o como solución.

—Es verdad que nunca ha dejado de rondarme por la cabeza el miedo a que el bebé corra un riesgo —admitió entre sollozos—, como una certeza acerca de que cuando me convierta en madre voy a conocer una angustia difícil de soportar.

—Efectivamente, la angustia de pensar en la posibilidad de que muera, y es brutal. Gema, vamos a hacer una comprobación adicional —le propuse—: imagínate que ha pasado ya un tiempo (un año o dos) y has conseguido tu objetivo, ha nacido tu bebé. Deja que te llegue una imagen representativa del momento.

Tras unos instantes, rompió a llorar desconsoladamente.
—Está muerto, está muerto… —murmuraba.
—Vale, no te preocupes, respira —intenté tranquilizarla—; es tu inconsciente enseñándote tu miedo a que nazca un niño y fallezca a los pocos día o meses, porque esa es la imagen que tiene grabada, la que han vivido tu madre, tu abuela y tu bisabuela. Cuando tu inconsciente se pone contacto con ese bebé en el futuro y lo ve así, evita el embarazo; pero esa imagen tan determinante para ti no es real, no se está desarrollando ahora y tampoco lo hará en lo sucesivo, porque has tomado conciencia de tu conflicto.
Da un paso más: representa en tu mente a cada una de esas mujeres (tu madre, tu abuela y tu bisabuela) y permite que te acompañen, junto con los niños que perdieron. Espera a que te aparezcan imágenes de ellas en sus embarazos, durante el parto, con sus hijos recién nacidos… Y aunque sé que es durísimo, abre los ojos y mira; al fin y al cabo, llevas viéndolo más de treinta años…

Lloró amargamente como si estuviera asistiendo in situ al funeral de todos esos pequeños. Transcurrió un buen rato hasta que se desahogó; era lo que necesitaba. Cuando la carga emocional se había aliviado, le sugerí que hablase con ellas y que les contase que por fin hoy era consciente del horror que habían padecido, del infierno tan espantoso que supone la pérdida de un hijo y que por eso entendía la respuesta protectora de su cuerpo evitando el embarazo, frente al demoledor horizonte de una (potencial) nueva víctima en la herencia familiar.

—Y ya está —terminé—. Dales el pésame si quieres, porque verdaderamente las compadeces como si tú misma hubieses atravesado por su experiencia; luego libéralas para que vivan su duelo y para poder liberar tú esa emoción. Además, vas a escenificar un funeral donde despedirlos a todos. Dibuja unas cajitas fúnebres con sus lápidas correspondientes y con sus nombres (los que sepas y los que no, pónselo), y escríbeles una carta, incluso a sus madres, en conjunto o individualmente. Concédete un plazo para este acto simbólico; es duro, tal vez largo, y sobre todo imprescindible a la hora de descargar el dolor y realizar el reconocimiento. Aunque tardes unos días o unas semanas, no representan nada en comparación con una vida. Por último, quema los dibujos y las cartas, y esparce las cenizas por un lugar que tenga sentido para ti.

—En el pueblo —decidió de inmediato.

—Muy bien, pues en el pueblo. Recuerda celebrar tu particular ritual funerario, y a partir de ahí habrá un pequeño gran duelo, que cerrará este programa. Dedícale el tiempo que demande tu inconsciente; un tiempo sin dimensiones que quizás discurra a la velocidad de los sueños. Hecho esto, practica una breve meditación para conectar plenamente con tu cuerpo, con la vida y con la posibilidad de disfrutar de un embarazo saludable y de un hijo sano que llegue hasta viejecito. Él será el que te despida a ti en tu lecho de muerte, por ley de vida, aunque eso ocurrirá dentro de muchos muchos muchos años.

Sonreía mientras apuntaba esta idea, y de este modo dimos por concluida la tarea.

A las dos semanas, aproximadamente, me comunicó que había culminado todo el trabajo, que se había hartado de llorar y que había logrado quitarse un peso de encima que no se explicaba. Superado ese escollo, trabajamos más bloqueos, algunos relacionados con otras historias de este libro, como el de haber sido concebida como hijo de sustitución.

Bloqueo:
Si hay muchos recién nacidos, o niños pequeños que han muerto, o bebés que no han llegado a nacer, en algunos casos (como este) lo vivido es heredado y nuestro inconsciente nos pone a salvo de ello con el fin de evitar el sufrimiento. ¿Cómo se asegura de que esa tragedia no volverá a ocurrir? Impidiendo el embarazo.

<u>Origen del conflicto:</u>
Vida cronológica - Período fetal - **Herencia emocional**

Solución:
Reconocer a cada uno de esos niños, representarlos, darles un nombre, asumir el sufrimiento que sus pérdidas han supuesto y hacer el duelo de una manera simbólica, cortando con el lazo de esa información.

3. EL PRIMERO, SIN PROBLEMAS

Esta es una frase que oigo mucho y que me hace mucha gracia… metafóricamente hablando, claro, porque cuando el segundo hijo no llega, por lo general el primero no ha venido sin problemas…

De todos modos, el segundo no es el primero ni tiene por qué estar relacionado. Hay distintas razones que explican la dificultad para ese otro embarazo, aunque es frecuente que las mujeres que ya son madres no entiendan lo que ocurre y se pregunten: «Si he podido quedarme embarazada antes y he dado a luz en una ocasión, ¿por qué no lo consigo ahora?».

En realidad, es la misma pregunta que se hacen las que no lo logran por primera vez, ya que a nivel inconsciente no existen diferencias entre unas y otras; la única es que el inconsciente sí sabe que se trata del segundo, porque guarda esa información relativa al orden de los acontecimientos, incluso el número de orden que cada persona tiene en su familia, en su árbol genealógico, pero también cabe la posibilidad de que un segundo embarazo despierte memorias de otro anterior, y puede ser del primero que tuviste.

Recuerdo a una mujer que en la semana 9 descubrió a su marido con otra mujer y se separaron durante parte del embarazo, después pareció perdonarle y volvieron, años después cuando intentaban ser padres por segunda vez, ningún embarazo pasaba de la semana nueve…

El primer embarazo y el primer hijo de Nuria fueron una pesadilla, a pesar de que desde el primer día que la vi aseguraba que había sido la mejor experiencia de su vida. Parecía que todo estaba bien y que simplemente buscaba un segundo hijo. Llevaban ya un par de años intentándolo sin éxito.

Habíamos tenido alguna cita previa para resolver conflictos con su madre y en su árbol genealógico. Después, en visitas posteriores, le propuse que me hablase de su primer embarazo, a raíz de una historia que me había contado de una amiga suya. Mis sospechas y las suyas se confirmaron.

—Estaba embarazada de veinte semanas. Me tocaba revisión y la cita se retrasaba unos días, pero yo me encontraba muy bien y hasta el momento todo había sido como un sueño. Íbamos tan contentos a nuestra ecografía de mitad de embarazo cuando de repente, allí tumbada en aquella camilla de una sala a oscuras, vi la preocupación en las caras del doctor y de su equipo, que empezaron a inquietarse. Yo me asusté, e incluso llegué a marearme un poco, porque además me sentí incómoda en esa postura, el peso del bebé me apretaba y tenía los nervios a flor de piel.

Ese momento del primer diagnóstico marcó un antes y un después en mi vida. No me podía creer que el niño estuviera mal, no me podía creer que el niño estuviera mal…

Por fin rompió a llorar como no lo había hecho hasta entonces. Llevaba demasiado tiempo guardando en su interior todo el dolor, el impacto y la angustia. Tras el necesario desahogo, continuó:

—Mi chiquitín tenía un problema en el corazón, que diagnosticaron como estenosis pulmonar. Y ahí comenzó la pesadilla…

Tanto el embarazo, como luego el parto y la experiencia de ser padres se convirtieron en una odisea médica y un tormento. La doctora me dijo que podía abortar, que ella tenía la obligación de comunicármelo. Le repliqué: «¡No, no, no!». Ese niño había sido tan deseado... Yo solo repetía: «No me lo puedo creer, no me lo puedo creer, no me lo puedo creer...». El *shock* no me dejaba pensar en nada más, ni siquiera era capaz de sentir el sufrimiento que hoy me doy cuenta que padecía.

Así pasamos varias semanas, de doctor en doctor, del ginecólogo al neurólogo, temiendo cada día y cada noche que quizás mi pequeñín no saldría adelante.

Después de valorar nuestro caso, nos dijeron que la mejor solución era una operación intrauterina, mientras el bebé aún seguía dentro de mí, y así procedimos. Todavía recuerdo el instante en el que entré con una amiga al quirófano y percibí un sentimiento indescriptible en la mirada de mi pareja, que se quedaba fuera con la congoja y la incertidumbre de imaginar que tal vez no volvería a verme a mí o que no conocería a su hijo. ¡Dios! Fue tan duro, fue tan duro, tan duro...

Y allí estaba yo, en una cama de quirófano, inmóvil pero despierta, consciente de todo lo que sucedía a mi alrededor y rezando para que la intervención curase a mi chiquitín.

Afortunadamente, no hubo complicaciones y sí motivos para la esperanza. Me hicieron la amniocentesis, parecía que la gestación se desarrollaba correctamente. Asistí a revisiones frecuentes, con el estrés que suponía ponerme en lo peor («A ver qué susto me dan hoy...»).

De este modo transcurrieron los meses, y tras una larga y dura espera, llegó el día del parto, que contra mi voluntad tuvo que ser programado...

Me había imaginado ese momento tan bonito, pariendo a mi hijo de manera natural, viendo cómo venía al mundo, abrazándolo, pegándolo a mi pecho...
Pero la realidad era muy distinta: había que sacarlo del útero rápidamente y operarlo de nuevo después de nacer.

Durante el proceso estuve muy nerviosa, no disfruté del parto y por si fuera poco, perdí tanta sangre que no me pude mover en más de veinticuatro horas. Además, se llevaron a mi pequeño, y en ese primer día de vida le faltó mi calor, mi amor, mi protección, mi cercanía... Eso me partía el alma. Lo ingresaron en neonatos durante cinco semanas, que nunca olvidaré: tres operaciones, UCI, pruebas..., y no podía abrazarlo; solo contemplar, con pena y miedo, su cuerpecito lleno de cables... El suyo y el de otros niños con historias similares, algunas con un triste desenlace...

Conservo instantáneas en mi memoria que permanecerán para siempre. No olvidaré, por ejemplo, la inmensa emoción que sentí cuando finalmente pude acunarlo en mis brazos, junto a mi pecho. No paraba de llorar, y no paro de llorar al recordarlo. No quería separarme de él, pero tenía que hacerlo.

Transcurridas las cinco semanas, abandonamos el hospital. Nuestro pequeño evolucionaba «satisfactoriamente», gracias a una válvula en su corazoncito que le había salvado la vida. Después, hubo (y habrá) más operaciones; lo importante es que está sano y vive feliz.

El problema es que mi inconsciente guarda toda esa información. El impacto emocional fue tan tan fuerte que quedó grabado, a pesar de que yo lo había tapado para no seguir sufriendo. Yo quería convencerme de que todo estaba bien, de que ya había superado el trauma y de que era muy fuerte. Pero dentro de mí había una debilidad tan grande como el miedo y la soledad.

La escuché atenta durante más de una hora, en que solo las lágrimas interrumpían su relato. Se fue calmando, y aproveché para preguntarle:
—¿De verdad crees que para tu inconsciente es un deseo volver a pasar por eso?
—¡¡¡Noooooo!!! —respondió ella.

Y le expliqué:
—Pues posiblemente esa es la causa, que desconoces, por la que tu inconsciente y tu biología no te permiten quedarte embarazada: porque es la mejor manera de asegurarse de que no ocurrirá nunca más, porque embarazo es igual a dolor, a noticia terrible, a intranquilidad, a la amenaza de muerte, a semanas, a días, a noches terribles, a desasosiego, a un parto inducido por unos problemas de salud casi insalvables, a la separación de tu hijo en las primeras horas, y al temor constante de que un día le falle definitivamente el corazón.

Eso es lo que asocias con la experiencia del embarazo, porque es la única que tienes. Y aunque ahora te resulte muy duro el hecho de no poder concebir otro hijo, para tu inconsciente, que te protege, es mucho peor la posibilidad de que se repita una vivencia tan traumática. De manera que te lo impide, por mucho que tu parte consciente se empeñe en que no tiene por qué ser así. ¿Cuál es la solución? Descargar esa información en forma de emoción que guarda tu inconsciente, vaciarla y liberarte. Cuando lo hayas hecho, le darás un sentido distinto al embarazo y lograrás enfocar desde otra perspectiva tanto la gestación como la maternidad; entonces, alcanzarás tu objetivo.

Nuria realizó un importante trabajo y esfuerzo para expresar todo ese dolor y desidentificar la primera experiencia de cualquier otra nueva que pudiera llegar. Los pensamientos y las emociones asociadas al embarazo habían cambiado.

Fue bonito ver a Nuria salir riendo y diciendo que al final, estar embarazada, ahora le parecía lo más maravilloso del mundo… es impresionante cómo el inconsciente puede vivir lo mismo con un sentido completamente diferente.

Bloqueo:
La grabación de la vivencia de un embarazo corresponde a la del primero y único, que fue terrible, a nivel físico y emocional, para la madre y para el bebé, así que el inconsciente decide no volver a pasar por lo mismo y evita una nueva concepción.

<u>Origen del conflicto:</u>
Vida cronológica - Período fetal - Herencia emocional

Solución:
Expresar todo ese dolor y darse cuenta de que eso ha sido solo una experiencia que no tiene por qué repetirse. Un embarazo no es igual a otro embarazo.

4. NO ES NORMAL...

En esta historia, el segundo hijo no llega, pero su origen es totalmente diferente al que causaba la infertilidad y los abortos en el caso de Nuria («El primero, sin problemas») y el del testimonio con el que termina este libro.

—Me encuentro deprimida, nerviosa, ansiosa todo el día. Sé que en este estado reduzco muchísimo mis posibilidades de éxito, pero no puedo controlarlo y eso me hace sentir fatal; tengo muchísimo miedo a que dé negativo, o a volverlo a perder. No puedo vivir así, Patricia.

Estas eran las palabras de una mamá que ya tenía una hija de más de 3 años y llevaba casi dos buscando un hermanito para ella. Se había quedado embarazada de esa primera niña sin problemas y pensaba que esta segunda experiencia resultaría igual de exitosa, pero no fue así.

Estuvo un año intentándolo hasta que finalmente se quedó embarazada, pero el embarazo no prosperó, y entonces se acentuó la pesadilla. Su deseo de otro bebé empezaba a adquirir tintes de obsesión, hasta que llegó a convertirse en un conflicto de pareja, ya que su marido era incapaz de mantener relaciones sexuales por culpa de la presión; el placer había sido sustituido por la obligación, y eso le causaba problemas de erección, así que los médicos les dijeron que la única forma de conseguirlo era mediante una inseminación artificial o una *in vitro*. Probaron ambas opciones, pero ninguna resultó.

El aborto la había sumido en una depresión tan grande que tuvo que pedir la baja laboral. Es decir, el tema de la infertilidad estaba afectando a distintas facetas de su vida personal y también a su actividad profesional. No podía pensar en nada más; le agobiaba hacerse mayor porque la edad representaba una dificultad añadida para la concepción. La angustia y el malestar alcanzaron un punto en que la incapacitaban casi para cualquier cosa; cada día estaba peor. Los nervios, la inseguridad y el miedo la bloqueaban, y al final se había metido en un bucle que lo único que conseguía era aumentar el sufrimiento.

—Soy consciente de que todo esto juega en mi contra, Patricia, pero no sé cómo resolverlo, no sé qué hacer... No lo comparto con nadie, ni siquiera con mi marido, que evita hablar de ello. No quiero que nadie me haga preguntas; solo los médicos que me tratan conocen lo que me ocurre.

—Tienes razón —admití—. La realidad es que nadie sabe lo que te ocurre, nadie más que tú, nadie se imagina la pesadilla que estás viviendo. Debes romper ese bucle inmediatamente.

A lo largo de nuestra charla, no paraba de decirme que todo este proceso por el que atravesaba «no era normal», que esperar tanto para tener un hijo no era normal, que pasar por esas penalidades no era normal... Había repetido tantas veces que una experiencia así no era normal, que ya fue motivo de la primera sesión: esto y la información que me proporcionó de su árbol genealógico, en el que los segundos hijos nunca llegaban a nacer...

—¿Ese dato te parece una casualidad? —le pregunté.
—No lo sé, no lo había pensado —contestó.

—Vale, pues te propongo una práctica sencilla —le dije—. Vas a responder durante un rato a la misma pregunta: «¿qué es lo que no es normal?». Venga, empecemos: ¿qué es lo que no es normal en tu vida?

Empleó más de diez minutos en contarlo:

—No es normal vivir permanentemente triste, que me falte la alegría, no valorar ni estar contenta con todo lo que tengo en mi vida; no es normal la intranquilidad, la debilidad, la falta de energía para perseguir mis objetivos; no es normal lo que he vivido en mi familia, en mis estudios, en mi trabajo... No estudié lo que quería, no trabajo en lo que me habría gustado, no disfruto con lo que hago, ni con mi pareja, ni con mi hija, ni con mis padres... no disfruto nada. Y el aborto... el aborto ha sido el detonante, no es normal pasar por un trauma como ese, y no me deja ser feliz. No es normal la necesidad de control, el estar siempre alerta y preocuparme por todo, el miedo, el anteponerme por encima de cualquier prioridad, la alteración del sueño y del apetito, el nudo en el estómago, la impotencia, la amargura, el dolor, la vergüenza... y después de todo... Aquí, rompió a llorar.

—Entra en ese desconsuelo —le sugerí— y explícame: ¿qué hay detrás, tan terrible, que no es normal?

—¡No es normal que una madre abandone a un hijo! —exclamó. Durante unos instantes, no pudo continuar. Tan pronto como vi que se calmaba un poco, proseguí:

—Cuando sientes todo eso, ¿quién es la que habla? Porque tú no has abandonado a ningún hijo... Conecta con esa mujer, deja que tu inconsciente te la represente y describe lo que ves.

—Es una mujer con cabello largo, rubia, muy bien vestida, de unos cuarenta años —detalló—. Me mira cabizbaja...

—Muy bien. Mírala tú a ella, mírala a los ojos y dile que tú hoy percibes su vergüenza y su dolor, y que no es normal vivir lo que ha vivido...

Sin entender nada, de nuevo se deshizo en lágrimas, y necesitó un tiempo hasta poder reproducir el mensaje. Comprendía perfectamente su vergüenza y su dolor; los llevaba impresos en ella. Entabló una conversación como de amiga a amiga, y me comentó:

—La mujer confiesa que se siente obligada.

—Pues explícale que no hay razones para avergonzarse, que concebir un hijo siempre es algo maravilloso, un orgullo, y que es una diosa por hacerlo. Lo que opinen los demás no importa —recalqué—; los prejuicios, quizá de la familia, de la época, no alteran el milagro de la maternidad.

Según me escuchaba, se desahogaba. Y restablecida, retomaba el ejercicio. Quise averiguar si esa mujer con la que hablaba era la que estaba embarazada y por qué había abandonado a su pequeño. Para nuestra sorpresa, no era ella, sino su hija: la del embarazo era una hija de esa mujer. A esa chica le dio la espalda su propia madre, para quien ese nieto significaba la deshonra de una familia noble como la suya.

Esta mujer que rechazó a su hija era la tatarabuela de la protagonista. La bisabuela era la joven embarazada, y el abuelo era el hijo de esa mujer, el nieto fruto de la vergüenza. A partir de ese hombre y desde la generación anterior a esta mujer, siempre los segundos habían terminado en abortos, porque eran niños rechazados.

Al liberar esta herencia y tomar conciencia, le adelanté que con toda probabilidad su tercer intento de embarazo resultase exitoso (como finalmente ocurrió); ya habían sido suficientes los casos que se habían repetido generación tras generación. Solo quedaba acabar de liberar este dolor, realizar un acto de reconocimiento a su bisabuela y a su abuelo por lo que habían sufrido, y cambiar de inmediato su estado emocional, cosa que hicimos a través de la propia consulta, la ley del estado y sus ejercicios.

Bloqueo:

En esta historia hay implícitos dos conflictos:

1) El de la memoria transgeneracional de los hijos que ocupan el segundo orden, que atienden al rechazo heredado y están programados para no llegar. ¿Por qué? Porque se trata de la vivencia emocional de la joven embarazada, que casualmente es la segunda hija, rechazada y repudiada por su propia madre, al igual que su hijo (el abuelo de la protagonista de esta historia).

2) El de «lo normal»: cuando una mujer vive algo que no es normal en un exceso, su útero se resiste a acoger a ese hijo con normalidad. Esta lógica biológica se basa en que el útero es el lugar normal de implantación; todo lo que ocurre fuera de ahí, está fuera de la norma. Un concepto un poco largo de explicar, sobre el que puedes profundizar a través de algunos de los vídeos o de los cursos que ofrezco.

<u>Origen del conflicto:</u>

Vida cronológica - Período fetal - **Herencia emocional**

Solución:

Tomar conciencia del origen de esa memoria, liberar el drama emocional y acoger conscientemente a esa mujer, a ese hijo y a otros que vendrán.

5. LOS EMBRIONES NO CRECEN

«Nada… No crecen, no maduran». Maribel siempre decía lo mismo, así que un día le pregunté cuál era el problema para ella, a nivel inconsciente, de crecer y madurar.

Reaccionó casi desafiante, se echó un poco hacia atrás e incluso adoptó la postura corporal de una serpiente a la defensiva. Y respondió:
—Ningún problema. Al contrario. Para mí es importante crecer y madurar.

Nuestra conversación giró en torno a ese tema durante más de diez minutos. Ella insistía en que todo eran ventajas, pero yo sabía que ocurría algo en su inconsciente y que estaba repercutiendo en su biología, pues en su cuerpo algo no crecía ni maduraba.

Esperé a que transcurriesen esos primeros minutos en que habla la parte consciente como un papagayo. Me interesaba que se desactivase la mente lógica y que entrase en acción el inconsciente para encontrar posibles demostraciones o pruebas a mis sospechas. Así que después de un rato, volví a formular la pregunta: — ¿Cuál es el problema para ti, a nivel inconsciente, de crecer y madurar?

Y así pregunté sucesivas veces de diferentes maneras, y de repente su cara empezó a cambiar: sus ojos se tornaron como los de una niña asustadiza y rompió a llorar al tiempo que reconocía:

—Es que yo no he tenido infancia... No he podido ser una niña. He tenido que crecer, madurar y responsabilizarme demasiado pronto, y eso es lo que ha resultado tan duro: tener que adquirir de pequeña una madurez y una responsabilidad que no me correspondían y que no asumieron los adultos de la familia. Cuidar de mi hermano, hacerme cargo de todos...

Así pasamos otros diez o quince minutos, centrándonos en la dureza de haberse quedado sin niñez, sin esa inocencia, sin esa fase de juego de la vida, sin la posibilidad de vivir al margen de las preocupaciones, sin la felicidad que permite a los niños crecer y madurar tranquilamente, a su ritmo... Las prisas no son buenas. A mí también me pone nerviosa cuando en un tratamiento me piden que vaya a la siguiente transferencia, a la siguiente estimulación. ¡Ya, sin pausa! No. Para mí es fundamental abordar y asimilar las cosas de otra manera, necesito mi tiempo.

De hecho, en aquella sesión con Maribel charlamos sobre los plazos de nuestras sesiones, y acordamos vernos cuando quisiera, dentro de unos límites, claro, y siempre compaginándolas con el seguimiento médico.
—Y es muy importante —insistí— que expreses lo que tú necesitas, porque la respuesta biológica es la tuya, la del paciente, no la del profesional que te atiende.

Algo empezó a cambiar en su cuerpo, justo cuando se dio cuenta de que podía manifestar todo el dolor, todo el daño que permanecía bloqueado y bloqueando tanto su maduración interior como la de otros aspectos de su biología. La orden que mandaba su inconsciente era la de no crecer ni madurar, para evitar el sufrimiento que le había causado afrontar responsabilidades de forma prematura. En cuanto tomó conciencia del bloqueo y lo puso en palabras, su cuerpo empezó a abrirse como un capullo, su interior afloró y poco a poco, a su ritmo, se fue mostrando. Tras expresar la rabia que llevaba dentro, consiguió relajar su mirada, sus manos, su tensión, su emoción…, y de inmediato la orden interna de no crecer y no madurar se desvaneció. En ese momento comprendió que crecer y madurar es bonito, que sus hijos tendrían la oportunidad de hacerlo y que sus vidas serían muy diferentes a la suya. Esto la volvió a emocionar.

Una vez había verbalizado la angustia, le hice ver la ventaja de ser consciente de ella, y es la capacidad para superarla. Le dije que, verdaderamente, cargar con una madurez demasiado precoz acarrea consecuencias negativas, pero que también es cierto que existe otra realidad distinta a la que ella le tocó vivir. Así que nos tomamos un tiempo para imaginar un futuro en el que sus hijos disfrutasen de su niñez, y se puso muy contenta. Alcanzó un estado de gran relajación, que sirvió para reforzar el mensaje de que era posible que creciese y madurase lo que había en su interior.

Le habían implantado unos embriones tan solo unos días atrás, y como la biología a veces realiza cambios y da respuestas enseguida, probablemente en ese instante la orden que recibió su organismo fue «podemos crecer», y ahí comenzaron sus pequeñines a desarrollarse, seguros y tranquilos. Dos semanas después, obtuvo un maravilloso positivo, algo que nunca antes había conseguido.

El siguiente paso que dimos en la terapia fue el de descubrir el beneficio de la experiencia pasada, por dolorosa que fuera, porque nos permite estar en paz y, en definitiva, ella es hoy la mujer que es, en parte como producto de sus vivencias. Le expliqué que haber atravesado por determinadas circunstancias le había proporcionado muchos recursos de los que otras personas, con una infancia más cómoda, carecían; por ejemplo, a la hora de enfrentarse a situaciones difíciles. Y eso es una suerte. Así lo ve ahora ella también.

Bloqueo:
No crecer ni madurar para evitar el sufrimiento causado por haber tenido que afrontar responsabilidades de forma prematura. Como no puede hacerlo de otra forma, lo hace en su interior, y en ella nada crece.

Origen del conflicto:

Vida cronológica - Período fetal - Herencia emocional

Solución:
Mantenerse siempre niña habría sido lo deseado. Darse cuenta de que ese mensaje es la solución que hubiera evitado tanto sufrimiento. Expresar ese dolor, ver lo vivido como un recurso en el presente y permitirse crecer, como algo positivo.

6. HE VISTO MORIR A LA HIJA DE MI PRIMA A LOS DOS DÍAS DE NACER

Aunque a mí me ocupó la mitad de la sesión recoger todos los datos, te los resumiré en pocas líneas para que puedas llegar más rápido al fondo de este caso.

Antes, te aviso: la realidad supera a la ficción, y si vieras esto en una película pensarías que no es posible tanta casualidad. Como yo lo vivo en primera persona, tengo la certeza de lo ocurrido, pero entiendo que cualquier otra persona dude si se lo cuentan.

Miriam vino a visitarme por primera vez un 24 de febrero: 24/02. Hacía más de un mes que había reservado la cita. Entre mi agenda, sus clases y su trabajo, no habíamos encontrado otro hueco que nos encajase bien a las dos. Tras las debidas presentaciones, le pedí que me explicase su problema:

—Por lo que me has escrito, lleváis ocho años buscando un hijo y habéis intentado casi de todo, incluidas dos fecundaciones *in vitro*...

—Efectivamente. Probamos un primer tratamiento hace un par de años —empezó a contarme—. Aunque me dijeron que mis óvulos estaban muy envejecidos, extrajeron ocho (8). Cuatro (4) embriones se perdieron, y los otros cuatro (4) salieron adelante; de ellos, me implantaron dos (2). Parecía el inicio de un embarazo, pero a los pocos días sufrí un aborto bioquímico. En el siguiente ciclo me implantaron los dos (2) que guardaban; de nuevo, sin éxito.

Después hubo un segundo tratamiento y conseguimos seis (6); me transfirieron dos (2) y tampoco prosperaron. Pasados cuatro (4) meses, murieron los embriones que quedaban, así que no servían. Tal vez te hayas sorprendido ya por la repetición numérica... Pues te adelanto que esto es solo el principio. Conversamos durante unos minutos sobre cuál creía ella que era la causa de su bloqueo. No sabía identificarla, aunque sí era consciente de su conflicto: por un lado, deseaba ser madre, y paradójicamente, le daba un miedo atroz tener hijos.

—No entiendo qué me provoca este temor ni por qué soy incapaz de quedarme embarazada —reconoció.

—Esa no es la cuestión, Miriam —puntualicé—, sino por qué esto que te sucede es una solución o qué es lo que se supone que soluciona.

Contestó de inmediato, sin vacilar:

—Para que no me pase nada, para no sufrir.

Ella misma se extrañó un poco de su respuesta.

—Quizás sea una solución y una buena razón... —intervine—. Has traído tu árbol genealógico, ¿verdad? Enséñamelo.

Revisamos historias, lejanas y no tanto... Entre las más recientes, la de un bebé nacido el 02/04/2002 y muerto el 04/04/2002. Me llamaron poderosamente la atención esos números y esas fechas.

Aún no había averiguado el origen del problema de Miriam, ni la conexión entre las cifras, pero estaba claro que no se trataba de una coincidencia azarosa. El inconsciente nos decía algo a través de los doses (2) y los cuatros (4), y con eso teníamos que trabajar. De manera que comenzamos nuestra investigación.

—¿Quién es esa niña? —pregunté.

—La hija de mi prima mayor. Falleció a los dos días de nacer. Fue un palo muy gordo, y ella lo llevó fatal —respondió con la mirada perdida y la emoción contenida.

—Normal, es terrible, absolutamente demoledor —admití—, y aunque sé que no quieres recordarlo por el dolor que te produce, te pido que hagas un esfuerzo para volver a ese momento, porque quizás ahí esté la clave. ¿Te has parado a pensar en que la concurrencia de números y fechas no es casual?

—¡Cierto! —asintió con cara de asombro—. Nunca había reparado en ello…

—Bueno, para eso estoy yo aquí: para mostrarte cosas que tú no ves. Por lo general, el príncipe es el único que no ve la corona en su cabeza, como cuando perdemos las gafas y resulta que nos las hemos puesto de diadema; todo el mundo las ve menos quien las necesita y consigo mismo lleva. Normalmente, no nos damos cuenta de nuestros propios conflictos, y nos los advierten desde fuera. Intentaré ayudarte en este sentido, con el fin de que identifiques el tuyo y lo resuelvas. Confía en mí, entreno a diario…

—Logré sacarle una sonrisa antes de realizar el ejercicio, que iba a significar una importante apuesta emocional.

Venga, ¡manos a la obra! —la animé—. Toma este papel y dibuja una tumbita que represente a ese bebé, ponle una pequeña cruz y escribe un epitafio sobre la lápida. ¿Podrás hacerlo?

Me miró dubitativa, pero aceptó el reto. Sin embargo, su mano temblorosa no acertó siquiera a trazar un simple boceto, porque tan pronto como se lo propuso, su inconsciente le devolvió la última imagen que su memoria conservaba del bebé. No fue capaz de acabar; soltó el boli y, como petrificada por la angustia, rompió a llorar.

—Es duro, me hago cargo —empaticé con ella—, y también es necesario. Vamos, Miriam, levanta la vista y fíjate en esa imagen. Dime: ¿qué ocurre en tu interior cuando la observas?

No reaccionaba. Permanecía completamente inerte; incluso su tono de piel palideció. Yo insistí:

—Miriam, ¿dónde estás exactamente?, ¿qué está pasando?

—Estoy ahí frente al bebé —pronunció con voz casi espectral—. Fui la única persona que la pudo ver y tocar; jamás olvidaré sus manitas blancas, con las venas tan marcadas…

—Escúchame atentamente —continué—. Ahora distánciate de esa imagen tuya junto a la niña y contémplala desde tu presente. (Comprobé su edad actual y... *voilà!,* otro sorpresón. Tenía 24 años cuando murió la pequeña. Se lo comenté más tarde para no interrumpir el ejercicio).

—¿Las ves a las dos? ¿A ti en ese instante y al bebé? —indagué.

—Sí —balbuceó a duras penas.

—Vale. Céntrate en esa Miriam que se derrumbó tras el impacto de sentir el tacto de la muerte en los deditos fríos de una recién nacida..., porque una parte de ti murió con ella aquel día y no ha conseguido revivir. Anclada como estás a aquel episodio de indescriptible dolor, tu inconsciente te protege y adopta como solución prevenirte de un embarazo; de esa forma, evita cualquier riesgo de muerte de un bebé y en consecuencia, te aleja del sufrimiento asociado. ¿Me sigues?

Interpreté su leve inclinación de cabeza como un gesto afirmativo, y di un paso más:

—Háblale igual que a una buena amiga que atraviesa por una situación verdaderamente traumática. Ofrécele tu abrazo, dedícale unas palabras de aliento y sácala de ahí.

En ese punto se desmoronó, porque fue cuando tomó conciencia de que, en efecto, existía un doloroso vínculo que la unía a aquella escena, y a la vez revivió el desgarro tan devastador que ocasiona la muerte de un bebé al poco de nacer. Ante una experiencia de tal intensidad, inconscientemente había optado por renunciar a la maternidad y alejar la amenaza de que se repitiese el episodio.

Lloraba como si se hallase junto a la criatura, y le imploraba que no se fuera:

—¡No, no, no! ¡No, por favor! ¡Pobrecita mía! No quiero que se vaya...

—Tranquila, eso ocurrió tiempo atrás, y hoy estamos aquí tú y yo para acompañar a una Miriam de 24 años en tan amargo trance.

La vamos a rescatar del abismo —le aseguré— para que vuelva a vivir y borre de su mente la creencia de que sus hijos morirán tras el parto.

Luego pudo constatar que su prima había sido mamá en otras dos ocasiones, con final feliz. Pero una parte de Miriam no se había enterado, debido al estado de *shock* en que llevaba sumida desde aquel aciago mes de abril de 2002. Hasta este extremo la había paralizado su inconsciente, ajeno a pasados y futuros, tan solo aferrado a una emoción que se encargó de grabar a fuego. Al salir del letargo, comprendió cómo la había traicionado su mente. Avanzaba en la dirección correcta…

—¿A que te sientes mejor sin tanta carga encima? —le demostré, con tono interrogativo—. Es hora de afrontar el duelo que nunca hiciste, que aguardaba bloqueado no importa cuánto (recuerda que el inconsciente carece de dimensiones). No hay prisa, pero debes pasarlo; después de superado, estarás en paz y en condiciones de evocar la pérdida sin dramatismo, e incluso de transformarla en algo bonito o en un aprendizaje útil para crecer como persona. Entonces te convencerás de que no tiene por qué repetirse la excepción; de hecho, posteriormente esa mujer dio a luz a otros dos bebés sanísimos, que es lo habitual y lo que con seguridad te sucederá a ti.

Se empleó a fondo y con éxito, de modo que a continuación trabajamos un par de sincronicidades que detectamos con esos números y esas fechas. A través de unos ejercicios y gracias a una buena dosis de perseverancia, logró poner el foco en su objetivo desde una nueva perspectiva, muy eficaz. A los ocho meses me comunicó el embarazo de su bebé, que ya tiene más de dos años en el momento que relato su historia. Qué preciosa casualidad…

Resulta increíble cómo el inconsciente nos da pistas mediante cifras, nombres, paralelismos… Son indicios sutiles, no siempre fáciles de captar, que le sirven para mostrarse sin hablar, para alertarnos sin gritar, para llamar nuestra atención sin que a veces atendamos a lo que en muchos casos salta a la vista. Bastaría con adoptar una actitud más receptiva a esa información que no analizamos pero que reside en nosotros mismos o en algo que nos rodea. Fíjate en los detalles y recopila datos, porque cualquiera puede ser revelador, como en la historia de Miriam: los tiempos de cada tratamiento, las visitas al médico, las pérdidas… ¡todo! Aplica la numerología; te ayudará a descubrir el significado de infinidad de señales.

Bloqueo:
La dureza de presenciar la muerte de un bebé recién nacido. Está claro que para que no vuelva a ocurrir una buena solución es no quedarse embarazada. Shock y duelo sin hacer.

Origen del conflicto:
Vida cronológica - Período fetal - Herencia emocional

Solución:
Ser consciente de lo ocurrido, expresar las emociones guardadas y hacer el duelo correspondiente, además de darse cuenta de que es una experiencia puntual, que no está pasando ahora en ti y que no tiene por qué repetirse.

7. ES PELIGROSO QUE EL MACHO ME DETECTE

—Vengo porque llevo más de cinco años sin la regla.

Así se presentó Emma en su primera cita. Tenía 33 años y estaba intentando tener hijos con el que era su pareja desde hacía casi una década, pero sin la menstruación, resultaba imposible concebir de una forma natural y espontánea.

Observé varios detalles que me llamaron la atención, y le comenté que el hecho de que una mujer de su edad «eliminase» la regla completamente me parecía una respuesta muy drástica de su organismo a algo de vital importancia para ella. No ser madre, no tener hijos, no producir óvulos, no ser mujer, no ser visible para el macho…
Me detuve en este punto deliberadamente.

No ser detectada por el hombre, por el macho, suena a instinto animal, y en realidad funciona así. Porque en términos biológicos, somos mucho más primarios de lo que creemos: para el ser humano, igual que para los animales, es una necesidad vital reproducirse y perpetuar la especie, y para asegurarse de ello, la biología cuenta con sus propios recursos, como poner en marcha determinados mecanismos en el cuerpo, en los sentidos y en el cerebro, que ocurren automáticamente.

Hoy en día sabemos que a nivel inconsciente el hombre se siente más atraído hacia la mujer cuando ella está ovulando. Eso se debe a una brújula sexual interna que provoca el «amor a primer olfato», a través de las feromonas y de la orina, cuya composición y olor son diferentes en cada etapa del ciclo menstrual.

El Instituto Karolinska, de Estocolmo (Suecia), ha demostrado en estudios sobre la sexualidad biológica que el olor de las hormonas sexuales despierta el deseo en muchos animales, y como una mujer heterosexual o un hombre homosexual expuestos a la testosterona (hormona sexual masculina), reflejan una respuesta en la parte de su cerebro involucrada en la actividad sexual, se producen cambios en sus células cerebrales. Lo mismo ocurre cuando a un varón heterosexual se le somete a oler feromonas femeninas.

Estas investigaciones revelan que aunque los hombres no sean conscientes de que la mujer está ovulando, responden con un incremento de testosterona.

Y eso sucede de forma natural, porque durante el proceso de ovulación estamos «en celo», de manera que el macho puede oler a la hembra, percibir su momento fértil y asegurar la reproducción. Por tanto, cuando una mujer en edad de procrear no menstrúa, cabe la posibilidad de que se trate de la solución que ha encontrado su inconsciente para que el macho no se acerque. ¿Y por qué puede ser peligroso que el macho me detecte, me huela y le atraiga sexualmente?

Mientras le hablaba, a Emma le empezó a cambiar la cara, sobre todo al formularle la pregunta... Como me había comentado que tenía un problema de endometrio, le expliqué además la metáfora o la analogía de este síntoma con la idea de que hubiese algo anómalo en su vida, en su familia, en su relación de pareja... algo fuera de la norma, de lo que es considerado «lo normal».

—¿Hay o ha habido algo en estos últimos cinco años que hayas vivido como fuera de lo normal? ¿Te genera un conflicto que un hombre te detecte como mujer y se sienta atraído o seducido por ti? —insistí.

Me miró entre aturdida y perpleja, igual que si hubiera descubierto su gran secreto. Cuando consiguió reaccionar, respondió:

—Sí, es justo lo que me pasa. Bueno, no se lo he contado a nadie.

—Claro, lo entiendo, pero cuéntame —la animé—. A eso has venido aquí: a expresar lo que guardas en tu interior y no has compartido; o tal vez sí, aunque no con la libertad con la que te explayarás conmigo. Tu cuerpo lleva impresa una información precisamente porque aún no la has descargado, porque la vives en soledad, de manera angustiosa o conflictiva, con intensidad emocional y sin capacidad para resolverla, de ahí que tu biología «haga una metáfora de la solución o del problema». Ahora se te presenta la oportunidad de verbalizar lo que llevas dentro. Hazlo; este es un espacio de confidencia, estás totalmente libre de juicio y ninguna otra persona, aparte de mí, se va a enterar de lo que digas.

(La verdadera identidad de Emma y ciertos datos relativos a su caso se han modificado por motivos de anonimato, pero no influyen en el desarrollo de la historia ni en su veracidad. Son muchas las mujeres a las que se les ha retirado el período en edad reproductiva, si bien el origen conflictual varía, este solo es el caso de Emma, y por supuesto no quiere decir que a cualquier mujer con el mismo síntoma le ocurra lo mismo a nivel conflictual).

—Pues es que no puedo dejar de ser infiel a mi pareja —confesó—. Es superior a mis fuerzas. Le quiero, estoy enamorada de él, es la persona con la que convivo felizmente y con quien me gustaría tener hijos; sin embargo, ya sea en el trabajo, en mis clases de danza, en mis salidas con amigos…, es muy fácil que empiece a sentir un *feeling* inevitable con algún chico; noto que me voy excitando con miradas y roces, y necesito vibrar con esa pasión, con esa vidilla, con esa sensación de gustar y atraer…

—Sí, de seducir —concluí—. Lo comprendo perfectamente, y tiene mucho que ver con lo que te acabo de explicar. Esa es la razón por la que tu cuerpo te ha privado de regla: para que el macho no pueda saber que estás ahí, para pasar desapercibida; y como tu mente racional no le ha puesto remedio, la naturaleza aplica sus propios mecanismos y adopta una solución biológica inconsciente.

—No logro evitarlo, Patricia, no sé qué hacer —reconoció.

—Antes de nada, suelta las emociones que has estado reprimiendo tanto tiempo —le sugerí—. Después, vamos a hacer dos cosas: La primera es cambiarle el sentido a esa infidelidad, para que le des un giro, para que no te culpes, para que averigües por qué te comportas así, para que perdones a esa Emma que lo hizo por primera vez, para que veas que la que sigue pensando en ello actúa movida por una necesidad biológica extrema que va más allá de su voluntad... Ya analizaremos más tarde por qué (posiblemente haya que remontarse muy atrás en tu árbol genealógico); en este punto, de lo que se trata es de modificar el significado de ese hecho para que tu inconsciente no interprete como un peligro atraer al sexo opuesto y no se empeñe en ponerle remedio a otra posible infidelidad, porque lo cierto es que sigues siendo infiel incluso sin la regla.

—Sí —afirmó con una pizca de humor y bastante pena.

Practicamos un ejercicio de programación neurolingüística muy sencillo en el que asociábamos esa atracción —que no infidelidad— a otra emoción; en el que reinterpretábamos el valor de la seducción; en el que reorientábamos esa necesidad a su favor y la enfocábamos hacia su pareja para concebir un bebé y para disfrutar.

—La segunda cosa que vamos a hacer —añadí— es «engañar» a tu inconsciente y ser infiel con la imaginación de manera que parezca real.

Nos pusimos manos a la obra y a continuación profundicé en su pasado familiar:

—¿A quién le ha ocurrido esto en tu familia? ¿Quién ha sido infiel o a quién le han engañado en repetidas ocasiones?

—Mi abuela —contestó—. Por lo que sé, mantuvo una relación extramatrimonial con otro hombre que no era mi abuelo... o sí era mi abuelo, ya que según las malas lenguas, mi padre es hijo bastardo de ese señor.

—¡Aaaah! —caí en la cuenta—. Entonces, ese poder de seducción fue terrible para tu abuela, porque propició la infidelidad y significó un embarazo. Seguramente, se convirtió en el drama de su vida.

—Sin duda —confirmó Emma.

Le indiqué que sostendríamos una breve conversación con su abuela, así que cerró los ojos, se la imaginó, y mientras yo le proporcionaba unas pautas para realizar el ejercicio, rompió a llorar. Se tomó unos minutos para desahogarse y en cuanto se repuso, exclamó:

—¡Está embarazada!

—¿Y qué es lo que te emociona tanto? —indagué.

—Que llora desconsoladamente y que rechaza a ese hijo —aseguró conmovida.

—Vale, tranquila, libera esa carga emocional —la calmé—, y cuando te veas en condiciones de hablarle cara a cara, hazlo mirándola a los ojos y mostrándole tu comprensión, porque tú hoy, por fidelidad a ella, porque su experiencia se ha grabado a fuego en tus células, intentas lo imposible por no seducir, por no atraer al hombre, por no ser infiel a tu pareja y por evitar un embarazo imprevisto. El problema es que no te quedas embarazada de ningún hombre, y eso incluye a tu pareja.

Aquí rompió a llorar de nuevo, abatida por una culpabilidad que pesaba demasiado: la suya y la de su abuela. Le caían las lágrimas de ambas, retenidas con todo el dolor que, por fin, estaba aliviando. Poco a poco, se fue separando de esa memoria, de ese sufrimiento, de esa información, de la vivencia de su abuela les dio otro sentido a sus propias vivencias, a sus propias infidelidades. Tras vaciar los sentimientos largamente reprimidos, se serenó. Acordamos celebrar un par de actos simbólicos.

A las dos semanas me escribió para anunciarme que le había bajado la regla. La emplacé a volver a realizar alguna otra tarea, pero no he tenido noticias de ella. Estoy casi segura de que o está esperando un bebé o ya es mamá. O quizás no, y solo vino a mí para solucionar su bloqueo y restablecer su regularidad menstrual. Lo importante es que, cualquiera que fuera su motivación, halló una salida donde anteriormente se levantaban muros.

Existía un doble motivo para que su biología adoptara soluciones como la de retirarle la regla y no seducir (y por tanto, no ser infiel). La infertilidad de Emma no constituía una solución en sí misma, sino que se derivaba de otra. Aunque al escuchar la historia de su abuela… no quedarse embarazada también era una solución, por eso trabajé con ella los dos sentidos.

Bloqueo:
Tener la regla o ser mujer es un problema, porque atrae al hombre. El poder de seducción conduce a la infidelidad y a la posibilidad de tener hijos bastardos. La solución pasa por no quedarse embarazada, y para esto dejar de ovular es una solución biológica perfecta; así nunca se repetirá la historia de la abuela.

Origen del conflicto:
Vida cronológica - Período fetal - **Herencia emocional**

Solución:
Darse cuenta de la historia transgeneracional y liberar el dolor y la culpa de esa información biológica heredada. Expresar todas las emociones asociadas a esas infidelidades y ver que ese comportamiento es solo la réplica de una experiencia vivida por sus antepasados, que se repite para poder ser sanada.

8. CONFLICTO ESTÉTICO

Hay muchas mujeres que ni siquiera mencionan esta cuestión: algunas, porque no piensan en ello cuando se trata de ser madres; y otras, porque les parece banal y superficial confesarlo. Pero Elisa no. Elisa lo tenía muy claro; decía que para ella era horrible, que quería ser mamá pero que no podía soportar la idea de engordar, de echar tripa, de que se le quedase la carne flácida, de que le creciera tanto el pecho… Sorprendía escucharle hablar así, parecía que de repente iban a pasar para ella noventa años y su cuerpo entero se deformaría tras el embarazo. Era un exceso total (y donde hay exceso, hay conflicto).

Yo le aseguraba que había infinidad de casos diferentes, que solo tenía que observar a su alrededor el montón de mujeres que habían tenido hijos y conservaban su silueta perfectamente, que buscase ejemplos entre las famosas que salen en la tele y lucen estupendas después de haber parido. Le sugería que, a partir de esas referencias, cambiase las preguntas que se planteaba. En lugar de «¿embarazo me dejará fatal?, ¿acabará con mi cuerpo, con mis formas, con mi belleza? …», debía preguntarse: «¿Qué han hecho las otras mujeres para recuperar su anatomía preparto?». Incluso le hablé de mi propia experiencia:

—Fíjate: peso un kilo menos que antes de quedarme en estado. Todo ha vuelto a su sitio y me encuentro mejor que nunca, tanto físicamente como en muchos otros aspectos, así que no es una verdad absoluta, sino una idea que tú tienes. Pero es importante para ti si ese es el sentido que le das y si te provoca ese rechazo. Había una parte de ella que, con su mirada, me daba la razón y admitía lo ridículo y exagerado de su actitud, pero ya sabes que aquí el que manda es el inconsciente, de manera que por mucho que su cabeza pensara que eso era una tontería, se imponía un motivo de fuerza mayor. ¿Cuál? Tuvimos que sacar a relucir el oro que había en el fondo del pozo para que nos hablase sobre ello; o sea, comenzamos a investigar.

—Cuéntame cómo te ves embarazada —le propuse—, qué imagen te transmite tu mente. Dime qué es lo que más se deforma en tu cuerpo y cómo percibes esa deformación.
Respondió que se trataba de la tripa, que por lo demás no se veía mal, pero la tripa… tan gorda… Me di cuenta de que empezaba a ponerse muy nerviosa, le sudaban las manos, se le aceleraron las pulsaciones… Los síntomas delataban un problema de fondo; entonces, era necesario saber qué sentía al imaginarse con esa barriga.

—¡Uuff! ¡Qué horror! Es que no quiero, no quiero, no quiero que se me note. ¡Que desaparezca, por favor! —exclamó.

—Vale, vale —intenté calmarla—. Vamos a hacer una pequeña ampliación consciente: mira por detrás de esa imagen; hay un telón que se levanta y deja ver otra mujer con un abultado vientre. Obsérvala como si no fueras tú, para que tú inconsciente te pueda mostrar algo más. Ábrete a que aparezca cualquier cosa sin expectativas; no necesitas hacer, sino permitir que se haga.

Al levantarse el telón imaginario, adivina qué apareció… Yo estaba tan expectante como tú ahora leyendo estas líneas… Elisa, también sorprendida, descubrió a una joven vestida de novia, embarazada, y rápidamente estableció la conexión:

—¡Aaaahhh…! ¡Es mi madre! ¡Mi madre con traje de novia!

—Bien, ¿y qué adviertes en ella? —indagué.

—Pues miedo. Está asustada, nerviosa, mira a todo el mundo, todo el mundo la mira a ella… Es que nadie conoce su embarazo.

De repente, Elisa se puso a sollozar, mientras lamentaba que ella había sido un penalti, que no la buscaban ni la deseaban, que al enterarse se casaron a toda prisa para que pareciera que había ocurrido después. Por tanto, en la boda, el secreto de la novia debía pasar inadvertido bajo el vestido.

Este era el motivo y el exceso que habitaba en Elisa, y lo vivía igual que lo había vivido su madre, pero ella desde dentro había grabado el mensaje. Además, arrastraba el conflicto añadido de sentirse un bebé rechazado, por lo que tendía a esconderse para que nadie la viese ni la juzgase, para ahorrarse el temor o la ver- güenza frente a los demás.

—Sí, me preocupa mucho lo que la gente diga de mí —reconoció entre lágrimas.

—Bueno, tranquila, es algo de lo que ahora eres consciente, y sobre lo que podrás empezar a trabajar para encontrar una so- lución —la animé—. Lo primero que vamos a hacer es observar desde fuera a esa mujer, a tu madre, angustiada por disimular la «deshonra» el día en que se casaba, que se supone debe ser feliz. ¿A ti qué te inspira?

—Yo la veo guapísima, más guapa que nunca —afirmó sin vacilar.

Por ahí empezamos a deshacer el nudo y a buscar el recurso…

—Perfecto, pues díselo —continué—. Dile que para ti hoy está guapísima y que el mayor motivo de esa belleza eres tú, la vida que se está gestando en su interior… Confírmale que nadie lo sabe, que no hay nada que temer, y que si lo supieran no tendría importancia, porque lo verdaderamente valioso es el milagro que crece en ella. Explícale que todas las opiniones, todo el ruido de fuera son producto de la educación de aquellos tiempos, y que hoy eso ha cambiado. Si esas creencias fuesen una verdad absoluta, permanecerían inamovibles, tan ciertas como que la lluvia moja. Pero está claro que es posible modificarlas y que de esa forma pierdan sentido o adquieran otro distinto.

Me escuchó atenta, y al trasladarle el mensaje a su madre, se emocionó. El miedo al qué dirán se esfumó, y su espacio lo ocupó la felicidad: la de la novia que guarda un maravilloso secreto, y la de Elisa al adivinar la alegría de su mamá. La boda le pareció como una puesta en escena en la que los tres protagonistas representaban un papel ante el público allí congregado; en el presente, la obra cobraba otro significado. No solo vio bellísima a aquella mujer, sino que además se sintió superorgullosa de ella e ignoró los comentarios ajenos.

—¿Qué más da lo que crean o hagan otras personas? Se va a casar, lleva dentro un bebé y se la nota radiante bajando las escaleras hacia la iglesia, como una diosa —reflexionó en alto.

Fue muy emocionante el momento en que la abrazó imaginariamente. La inundó un sentimiento tan profundo que se reflejó en su cara. Aproveché ese instante para pillarla desprevenida y averiguar qué pensaba ahora acerca de la «deformación» del cuerpo durante el embarazo. No dudó al declarar:

—Me gusta la tripita, es preciosa y me sienta genial. No sé cómo he podido convertir esa tontería en un problema.

—No era tu parte racional, Elisa, la que te producía el rechazo —le expliqué—. Era tu inconsciente, que había asociado la tripa con el miedo a la crítica y a la censura. El rechazo era la manera de protegerte, de mantenerte a salvo de una experiencia potencialmente traumática. No era la tuya, pero sí estaba grabada en ti; en consecuencia, la solución pasaba por evitarte un embarazo. Por otro lado, tu convicción de que el conflicto se reducía a un asunto tan superficial como el de la apariencia física te hacía sentir culpable y te castigabas por ello. Quizás convendría que compartieses con tu madre todo esto que has ido descubriendo y que tú misma te convenzas de que se puede estar fantástica después de dar a luz.

—Sí, sí. Tengo amigas que se han recuperado estupendamente —asintió sorprendida al reconocer lo que el filtro sobreprotector le había ocultado durante tanto tiempo.

El proceso estaba en marcha. Su realidad se iba transformando; para reforzar el trabajo realizó los ejercicios de cambio de creencias indicados en la ley de la creación, y que tú, como Elisa, puedes encontrar en el libro (o en el curso) *Las leyes de la fertilidad*.

Bloqueo:
Miedo a quedarse en estado y a que se note esa tripa porque es el programa que tiene instalado: el temor al juicio ajeno y a la vergüenza de casarse embarazada, que es lo que vivió su madre y ella dentro del vientre. Ella creía que su bloqueo se debía únicamente a una razón estética, porque el embarazo le deformaría su cuerpo, pero detrás había un miedo heredado al juicio o la vergüenza.

<u>Origen del conflicto:</u>
Vida cronológica - **Período fetal** - Herencia emocional

Solución:
Darse cuenta de que esta fue la vivencia de su madre y que ella la tiene grabada porque era el bebé que llevaba dentro. Es una protección inconsciente para no revivir ese miedo al juicio y la vergüenza de su madre. Adaptar esa información a la actualidad.

9. NO ES EL MOMENTO

He estado mucho tiempo en el paro, mientras empezaba a buscar un hijo, pero ahora hace seis meses que trabajo y la verdad es que temo que me pase como a una compañera que tuve: en cuanto supieron que iba a ser mamá, la echaron. Así como te lo cuento.

Este lamentable episodio ejerció una importante influencia en Lidia, pero a pesar de todo quiso quedarse embarazada... con tan mala fortuna de que justo a los pocos días a su padre le diagnosticaron una enfermedad bastante grave, de manera que renunció a su sueño por la dificultad que entrañaba cuidar a un bebé, cuidarse ella y cuidar a su padre enfermo. Por consiguiente, su cuerpo bloqueó el embarazo. El problema fue que ese fuerte impacto emocional después se repitió en dos ocasiones más... Nunca era el momento.

Tampoco ella había llegado en el momento idóneo para su madre. ¿Casualidad? Se vio obligada a dejar la carrera sin terminar, y siempre le reprochó no haber podido continuar con sus estudios, como si eso fuera culpa de la hija... Hay personas así, que en lugar de responsabilizarse de las decisiones que toman y de sus consecuencias, adoptan el papel de víctimas cuando cometen errores y culpabilizan a otros de ellos.

La cuestión es que para Lidia estaba fuertemente grabado el hecho de que nunca se daban las condiciones oportunas, de modo que cada vez que planeaba tener hijos, sucedía algo que lo impedía…

—Vale, y si es eso lo que me ocurre, ¿qué hago? —preguntó.

—En primer lugar, ¡darte cuenta! —le respondí—, ser consciente de que cuando te concibieron y se enteraron, tu madre sufrió un importante *shock* emocional en el que pensó y sintió que no quería tener un bebé en esa etapa de su vida, y ese es el mensaje que está grabado en ti y que se repite de forma automática.

Lo segundo, reconocer que ya no tiene sentido esa información que has grabado; lo tenía para tu madre en aquel entonces, y tú simplemente estabas dentro, recibiendo mensajes. Por tanto, al menos ahora deja que eso se convierta en algo absurdo para ti al tomar conciencia.

A continuación, lo que vamos a hacer es ponernos en la piel de tu madre e intentar revivir cómo recibió la noticia, para que puedas comprender que, lejos de tratarse de una decisión tomada conscientemente, le cayó encima como una bomba. Solo al conectar con sus sentimientos serás capaz de liberar esa emoción, para que ya no tenga fuerza en ti. Después pasaremos por cada una de las situaciones que tú has vivido y que no te parecían las apropiadas para la maternidad, a fin de que expreses esa emoción que es la que se ha creído una parte de ti y que repercute en tu cuerpo. Así se cambiará la creencia de que no es el momento perfecto. Yo me he dado cuenta de que nunca lo es y siempre lo es —concluí.

Esto es algo que me cuenta la mayoría de las mujeres, y te aseguro que siempre es el momento porque nunca lo va a ser. Conviene hablar de ello, ya que un conflicto de este tipo suele responder a razones y emociones más profundas que la simple circunstancia puntual. Siempre hay información que se esconde detrás, e influye de manera determinante en tu cuerpo; en el caso de Lidia, era la vivencia de su madre, fuertemente grabada, que se reproducía cada vez que llegaba el momento...

Bloqueo:
El mensaje de que no es el momento adecuado le fue transmitido a la mujer por su madre, se quedó fuertemente grabado y permanece activo, de manera que frustra cualquier plan que se propone, como el de tener un hijo.

<u>Origen del conflicto:</u>
Vida cronológica - **Período fetal** - Herencia emocional

Solución:
Ser consciente de esa vivencia de la madre, de sus emociones y de las de ese bebé que se creyó el mensaje sin ponerlo en duda. Revivir, expresar, técnica de renacer.

10. MADRE COMO MI MADRE, ¡NO!

Este bloqueo es uno de los que me encuentro muy a menudo: mujeres en conflicto con la figura de su madre, que la odian porque su relación con ella ha sido horrible, y que guardan un profundo sentimiento de rencor por el daño causado. Con una referencia materna tan poco ejemplar, cuando esas mujeres buscan tener un hijo su inconsciente las pone alerta y las previene de un embarazo, ante el riesgo de que puedan llegar a convertirse ellas mismas en un tipo de madre que rechazan. Este era el caso de Alba.

—De verdad, Patricia, no puedo con mi madre... —me confesó nada más entrar.
—¿En serio? —le pregunté, irónicamente sorprendida.
Incómoda, como si de repente hubiera dicho algo espantoso, se justificó:
—¡Es que tú no la conoces!
—Me puedo hacer una idea —repliqué, provocadora, mientras observaba su cara de asombro—. Para no querer parecerte en nada a ella hasta el punto de ni siquiera ser madre, ¡debe de ser muy terrible!

Se echó a llorar antes incluso de llegar a sentarse en la silla; habíamos apretado el botón del problema en su inconsciente, así que la emoción saltó de forma instantánea, sin necesidad de mantener largas conversaciones en las que me habría contado lo mal que se había portado su madre con ella, un problema del que seguramente llevaba años quejándose pero que no resolvía. Y es que en realidad no era ese el problema, sino el hecho en sí de no querer parecerse a la madre en ningún sentido. En cuanto se calmó un poco, abordé el tema sin rodeos:

—Alba, tu inconsciente no entiende del otro o de ti; entiende del presente, de aquí y ahora, del concepto que tú tienes de una madre (el que te has formado a partir de tu experiencia); por tanto, cuando oyes, expresas o contemplas a nivel consciente e inconsciente la idea de madre, hay una parte de ti que conecta con la única que conoces, y si ese referente te produce rechazo, evitarás repetirlo.

—¡Claro! Yo voy a hacer todo lo contrario, Patricia. Cuando tenga hijos, los trataré de una manera totalmente opuesta a como ella me trató a mí —aseguró.

—¡Ah, muy bien! —intervine—. De ese modo, no serás una copia de tu madre, sino la otra cara de la misma moneda, el otro extremo del mismo conflicto. En definitiva, no saldrías de él, seguirías metida en el problema. Es esto lo que tenemos que trabajar.

Querida lectora: te voy a hacer esta pregunta igual que si asistieras a una sesión de terapia conmigo, igual que se la hice a Alba...: «¿Cómo es tu referencia de madre?». En otras palabras, ¿cómo es tu madre para ti?, ¿qué relación mantienes con ella?, ¿cómo te hace sentir?

No se trata de que la critiques; descríbela desde tu propio punto de vista (como tal, subjetivo), y empieza diciendo: «Mi madre es...», «Las madres son...», «La maternidad es...», «Una madre es...». Tómate al menos diez minutos para completar las frases, y hazlo espontáneamente, sin pensar. La descripción de Alba resultó demoledora: «Mi madre es lo peor; la maternidad es un horror; la madre es daño, sufrimiento, maldad, egoísmo, dolor, desarraigo, desamparo... La maternidad es algo que no existe, algo

que le dan a cualquiera. Ser madre implica una responsabilidad, un deber, una obligación, un amor…; sin embargo, en ella yo solo he encontrado terror, desprotección, desconexión…».
Se despachó a gusto durante un buen rato en esos términos. Dio rienda suelta a sus emociones y sus creencias acerca de la figura de la madre, un ejercicio que tú también puedes llevar a la práctica para poner boca arriba tus sentimientos hacia ella, conforme a la experiencia que hayas vivido.

El problema reside en que tu inconsciente entiende que eso es SER MADRE, que eso es una madre y que cabe la posibilidad de que te conviertas en eso cuando seas madre, así que la respuesta rotunda a ser madre es no.

Ya sé, ya sé que estarás pensando que a ti no te pasa, que tú no eres tu madre y que bla, bla, bla, pero tu inconsciente no lo tiene tan claro y se identifica rápidamente con la única madre que conoce. A veces, este referente es una ausencia, una madre que no ha desempeñado su papel o que incluso ha faltado físicamente porque muriera o abandonase a sus hijos; es decir, una madre que no existe. La reacción del inconsciente a esa carencia es evitar el embarazo; mejor no concebir que tener un hijo sin madre. Pero volvamos con Alba…

—¿Te das cuenta de que no tienes la referencia de madre que precisas para convertirte tú en mamá? —le advertí.
—La verdad es que nunca me hubiera imaginado esto, pero la sola idea de verme reflejada en ella me aterra; prefiero estar muerta —reconoció.
—Vale. Reflexiona sobre ello —le sugerí—. Acabas de admitir que prefieres no vivir antes que ser una madre como la que te sirve de referente. En consecuencia, tu inconsciente te va a proteger del riesgo de ser una mamá como la que rechazas, y lo hace impidiendo que te quedes embarazada.
—Entonces, ¿cuál es la solución, Patricia?

—Pues en primer lugar, no juzgar lo que sientes, sino simplemente liberarlo —le aconsejé—. Cuando lo hagas, podrás ver con claridad la jugarreta de tu inconsciente. Es fundamental que descargues toda esa intensidad emocional que supone para ti esta idea y esa referencia de madre. Con frecuencia, la educación que hemos recibido no nos deja desahogarnos como necesitamos, ya que hablar mal de una madre es algo impensable, pero recuerda que no es de ella de quien hablas cuando expresas lo que sientes, sino de ti, y tienes el derecho y el deber de hacerlo sin tapujos.

En eso consistirá tu tarea para los próximos días: en abrir las puertas a tus emociones para que salgan libremente hasta que te sientas en calma; en ese momento sabrás que se ha producido el cambio.

Imaginar a tu madre cuando era pequeña ayuda en la mayoría de las ocasiones, ya que entenderás muchas de las razones que la han hecho ser así, y te despertará la ternura que inspira cualquier niño, lo cual te permitirá verla desde una perspectiva diferente.

El siguiente paso será integrar en ti otro tipo de referencias como madre; fíjate, por ejemplo, en madres que conoces que para ti representan un modelo. El mensaje que le harás llegar a tu inconsciente es que hay otros referentes posibles, distintos al que tenías grabado hasta ahora. Además, te propongo que elabores una lista con las características de la madre que te gustaría ser y que le expliques a tu mente (consciente y subconsciente) que es así como vas a ser tú en tu día a día. Ponte manos a la obra desde hoy, como si tu hijo ya estuviera aquí y tú ya fueras ese tipo de madre, porque entonces, tu parte inconsciente se relajará y tu biología podrá dar otra respuesta.

Repite estas palabras: «Esta fue, es y será mi madre; pero ella es ella, y yo soy yo». Esto provocará una desidentificación con ella. Hazlo de manera habitual, a fin de que se convierta en una certeza que puedes SENTIR, sin rabia ni rencor; no te engañes a ti misma, intentando convencerte de que crees y sientes cosas que no son.

Este es un ejemplo que ayuda a que muchas mujeres como Alba puedan convertirse en madres, y por otro lado, les ayudan también a entablar una nueva relación y una experiencia diferente con su propia madre. ¿Hay algo más sanador que reconciliarse con una madre? Posiblemente no… pero nunca te lo impongas por obligación; permite que ocurra en el fondo de tu corazón.

Y ten en cuenta que reconciliarse no significa llevarse bien ni tener mayor trato o contacto con ella, ni siquiera amarla.

Bloqueo:
Cuando se rechaza la referencia que una tiene de la madre, se rechaza también esa parte de madre que hay en una misma, porque el inconsciente solo sabe de madres y a veces no distingue quién es quién.

Origen del conflicto:
Vida cronológica - Período fetal - Herencia emocional

Solución:
Para aceptar el rol de madre hay que aceptar a la propia madre. Trabajar en esa relación y en liberar las emociones de todo lo doloroso que hemos podido vivir con ella. Generar recursos en esa relación y nuevas referencias como madre.

11. EL AMOR Y LA FAMILIA, SON PELIGROSOS

Estudiando su árbol genealógico, me llamó mucho la atención constatar que Soraya había nacido un 5 de septiembre y su marido el 6; esto es lo que se conoce en la teoría transgeneracional como «hermano simbólico» e «incesto simbólico», porque esa sincronicidad de fechas nos convierte en el doble de nuestra pareja —para el inconsciente, en su hermana—. Quiere decir que a veces buscamos en nuestra pareja a un hermano perdido (o ni siquiera nacido), o a mamá, o a papá, o a otro pariente con el que se está en fidelidad…

Por tanto, comencé a indagar y le pregunté a Soraya si había reparado en la coincidencia. Su reacción demostró abiertamente que no, así que nos pusimos a repasar juntas su pasado familiar y no solo descubrimos que había varios casos, sino que incluso sus abuelos paternos eran primos hermanos.

—¡No salgo de mi asombro! —exclamó—. ¿Cómo es posible que no me haya enterado de la importancia de esto hasta ahora?
—Pues porque no has investigado —respondí—, y de esa forma se mantiene el secreto de generación en generación, oculto en nuestro inconsciente y por supuesto en nuestra biología. Veo a decenas de mujeres que no tenían ni idea de esta información heredada hasta que empezaron con este trabajo.

Como resultaba llamativo el incesto real y simbólico en toda su genealogía y también con su pareja, decidimos explorar por qué el inconsciente biológico busca procrear con un miembro de la propia familia. Había que averiguarlo, ya que esto, desde el punto de vista de la psicobiofertilidad, constituía la solución a un conflicto.

Pensemos… En primer lugar, podría deberse a que en el exterior, en las otras personas que no conocemos o que no son familiares, hay algún riesgo; es decir, que las relaciones y el amor fuera de nuestro entorno entrañan peligro. Mientras hablábamos sobre ello, me dijo:
—La verdad es que en mi familia somos muy posesivos, raya en lo enfermizo. Tendemos a sobreproteger a los nuestros para que no abandonen el redil, y llegamos a utilizar a los niños para chantajear.

Me empezó a comentar detalles de su familia, y también de la de su marido, me resultó gracioso cuando me habló de ambas, nombrándolas… los Franco y los Fernández, como los Capuleto y los Montesco. La historia empezaba a sonar a tragedia amorosa y bromeé sobre ello. Entonces, ella comentó:
—¡Qué curioso, Patricia! Ahora que lo dices… ¿sabes que realmente el amor me parece peligroso? Porque me da como cosa que me quieran; yo creo que me viene desde que nací, es como si nunca me haya dejado querer, ni acariciar, ni abrazar, no sé… como que desconfío y rechazo el cariño y el amor.

Hablando sobre esta desconfianza, me di cuenta de que había otra razón de peso, que evidentemente tuvimos que tratar más adelante: los abusos por parte de su propio padre.
—Si una persona que se supone te debe amar de forma incondicional, atenta contra ti, ¿en qué amor vas a creer? Lo asociarás con una amenaza, es natural. Vamos a partir de esta idea, a fin de rastrear el origen del problema, ¿de acuerdo?

Me dio su aprobación y comenzamos a trabajar.

—Intenta hacerte una idea del amor —le sugerí—, de vivir un amor ideal. Usa toda tu creatividad e imagínalo, saboréalo, huélelo, sueña con él, piensa en él y en la pasión... Luego deja que poco a poco tu cuerpo vaya respondiendo a esas sensaciones. Dime, ¿qué sientes?

—Estoy paralizada, no puedo avanzar —respondió—. Veo una casa, está todo vacío y seco, cubierto de polvo, como desierto, como un sitio quemado, muy negro. Un escenario siniestro, arrasado por la guerra. ¡Es terrible!

—Vale. Ahora rebobina un poco esa película y mira qué pasa —le sugerí.

—Hay un hombre, un soldado de cierto rango; sargento, tal vez... —precisó—. Bueno, no importa. Da órdenes y punto. Nos advierte de que vamos a ser atacados y debemos evacuar la zona.

—¿Y cuál es tu reacción? —me interesé.

—Rabia, mucha rabia. Me echan de mi tierra, ¡y yo no me quiero marchar! —Según se metía en la situación, aumentaba su ira—. Se aproximan unas personas con claras intenciones de agredirnos... Pertenecen a otra familia; son los del padre, que se proponen asaltar por sorpresa a los de la madre. ¡Es superinjusto! Tengo miedo, un miedo atroz a quedarme sola, sin los míos...

Rompió a llorar desconsolada, mientras repetía:

—¡La otra familia me lo ha quitado todo! ¡¡Me lo ha quitado todo...!! No lo entiendo... Los apartaré de mi vida para siempre, y además pienso vengarme.

Fueron sus palabras textuales, y se correspondían con lo que me había contado previamente. Aunque era claro que lo que estaba contando era una memoria, algo que su inconsciente conocía pero había sido vivido por algún antepasado.

—O sea, que la familia del otro mata a la tuya, el amor de fuera hiere y puede ser gravemente peligroso...; por tanto, lo más seguro para tu supervivencia es encerrarte en tu círculo protector, tu propia familia —reflexioné—. Pero entonces te encuentras con otro inconveniente: que la relación fraternal no tiene nada que ver con la relación de pareja; aparte de muchas otras diferencias, faltan la pasión, el sexo…, y evidentemente se corta la descendencia. Lo he comprobado en numerosas ocasiones.

Me aseguré de que comprendía mi razonamiento y continué:

—Deberías juntar a ambas familias y explicarles el dolor que te han causado al privarte de los tuyos, como si fueran esa mujer con la que has conectado, y expresa también desde ti misma, las gravísimas consecuencias que has tenido que pagar por algo que vivieron ellos. Representa en tu mente a los dos clanes y dirígete a ellos alternativamente: insísteles en que es su historia, pero que tú deseas construir una muy distinta. Y sobre todo, deja que ese nuevo mensaje cale en ti.

Tardó un tiempo hasta que consiguió enfocarlo de manera cordial, porque antes necesitó descargar el odio acumulado durante años. Una vez superada esta parte, pasamos a otra fase.

—Paulatinamente, irás haciéndote permeable al amor forastero y aceptando que sí puedes abrirle la puerta, que puedes amar y sentirte amada. Llegado ese punto, imagina a tu pareja actual frente a ti, mírale a los ojos y decíos con las pupilas «te amo, te amo, te amo». Después, valora si el ejercicio se traduce en sensación de seguridad. Esto es fundamental, porque si esa imagen te proporciona confianza, seguiremos por ahí —le propuse—, pero si no sirve para reprogramar tu inconsciente, buscaremos una situación en la que te hayas sentido muy segura y la anclaremos a esta misma vivencia.

—No, está bien, quiero probar a imaginar la escena y ver qué pasa —afirmó Soraya sin vacilar.

—Perfecto. Os mirabais fijamente —le recordé—. De pronto te invade una emoción con aspecto de burbuja que os rodea a cada uno y permites que la suya se expanda poco a poco y abrace la tuya. Imagínalo visualmente, energéticamente, cenestésicamente, mentalmente, emocionalmente y físicamente… hasta fundiros en uno. Respira, disfruta, entrega, recibe, acoge ese amor e inúndate de él, y en ese momento pronuncia varias veces: «Acepto que el amor entre, acepto que el amor de fuera entre en mi vida, acepto el amor de fuera de la familia en mi nueva vida».

Tras cuatro meses y cinco sesiones, cambió sus creencias, renovó el sentido del AMOR con su pareja y se quedaron embarazados de un niño, fruto de ese magnífico y sano amor.

Bloqueo:
El hecho de que en su historia transgeneracional haya ocurrido esta vivencia dramática entre las dos familias, que ha acabado con la vida de algunos miembros y la ruptura del amor de esa pareja, es lo que origina que en generaciones posteriores se creen vínculos afectivos dentro del mismo clan, lo que da lugar a relaciones incestuosas reales o simbólicas, que suponen un bloqueo adicional para concebir. Su inconsciente busca a un hermano, a papá o a mamá, como pareja para estar en seguridad, pero al mismo tiempo esto es un tipo de amor que no permite la concepción de un hijo.

<u>Origen del conflicto:</u>
Vida cronológica - Período fetal - **Herencia emocional**

Solución:
Tomar conciencia, liberar el dolor de esa historia y reconocer el sufrimiento anterior. Sentir a su pareja como tal, no como un familiar, recuperar la pasión y la confianza en el amor.

12. MÁS HIJOS NO, POR FAVOR

Maya me aseguró lo mismo que el cincuenta por ciento de las mujeres que pasan por mi programa:

—No he encontrado nada llamativo en mi árbol genealógico, Patricia. Todas las mujeres han sido muy fértiles, han tenido muchos hijos: una de mis abuelas, cinco, y mi bisabuela, dieciséis; mi otra abuela, ocho, y su madre, trece.

—Aaaah…, ¿y qué tal? —repliqué con un puntito de ironía.

—Bueno, lo típico, ya sabes lo que courría en aquellos tiempos: a una se le murieron tres, a otra siete…

Este caso quizá sea un pelín (solo un pelín) más exagerado que algunos de los que me cuentan habitualmente acerca de antepasadas que parieron como conejas… siete, ocho, diez, doce, diecisiete criaturas…, las cuales no siempre salían adelante. Se habla de ello con normalidad, porque ocurría con frecuencia generaciones atrás, debido a enfermedades, al desconocimiento, a la escasez de medios y de asistencia sanitaria… Pero que haya sido algo habitual, incluso que tengamos argumentos para explicarlo no sirve para restarle importancia o banalizarlo. Si te paras un momento a pensar, es algo terrible, porque no hay mayor tragedia para una madre que la muerte de un hijo.

—Maya, quiero que hagas un ejercicio muy rápido —le propuse—, pero por favor te pido que te concentres y te pongas en

contacto con todos tus sentidos, con todo tu ser, para poder vivir o sentir aunque sea solo una pizca de la situación que te voy a plantear, ¿vale? Imagina que mañana estás embarazada.
En ese momento se le iluminó la cara.
—¡Ojalá! —exclamó.
—Nace tu bebé —continué—, y se cumple lo que has oído tantas veces: que cambia por completo tu día a día. E imagina que ya en esa nueva vida, con tu pequeñín de seis meses, te enteras de que te has quedado embarazada de nuevo…

Su rostro ya no manifestaba tanto entusiasmo, a medio camino entre la alegría y el susto; de cualquier forma, parecía predominar la felicidad. Atenta a su reacción, proseguí:
—Tu embarazo avanza, el feto se va desarrollando en tu vientre, das a luz… Y te encuentras con dos peques casi de la misma edad. ¿Son niño o niña?
—La parejita —respondió.
—Estupendo… Visualiza cómo van creciendo los dos. Todavía son chiquitines, de unos dos o tres años, y de repente… te descubres nuevamente en estado.
—¡Uf, madre mía, no…! —empezó a agobiarse.
—Expresa abiertamente los sentimientos que te despierta ese futuro virtual e imagínalo con todo detalle —la animé.
—Me faltan manos, no es posible tener más hijos que manos —advirtió con una risa nerviosa.
—Entiendo… La cuestión es que esperas un tercero —afirmé rotunda—. Céntrate en lo que sientes, deja que tu cuerpo reaccione a toda esa información, que la gestación prospere, que incluso te sorprenda la noticia de que traes gemelos…
—¡Hala! —exclamó—, pero… ¿qué dices?
—Al cabo de cuarenta semanas… doble alumbramiento. Mírate, observa a tu marido, contempla ese horizonte de familia numerosa…
(Yo hablaba aparentemente ajena al semblante de Maya, a punto de desencajarse).

—¡Ay, esto me supera! —confesó.

—No te preocupes —la tranquilicé—. Vives en un entorno acomodado y dispones de ayuda. Fíjate: los recién nacidos son mellizos. También tu bisabuela había tenido un parto gemelar, ¿recuerdas? Dime el sexo de los tuyos.

—Son dos varones —los identificó sin vacilar.

—Los benjamines de la casa… Antes de que te des cuenta, estarán correteando y jugando con sus hermanos «mayores», que acaban de despedirse de sus chupetes y aún los echan de menos a la hora de dormir. Una escena enternecedora, ¿a que sí? —le pregunté.

Ella asintió sonriendo, aunque enseguida la saqué de su idílica abstracción:

—El análisis de orina ha vuelto a dar positivo.

—¡No, no, no! Habría puesto los medios: DIU, ligadura de trompas…

—¿Y si no existe ninguno de esos métodos anticonceptivos que hoy conocemos? —le sugerí—. Figúrate que la única posibilidad a tu alcance para evitar otro embarazo es recurrir a los ungüentos y remedios no escritos, propios de la cultura popular… que contigo no funcionan.

La sola idea de pensarlo la perturbó, y se lo hice notar:

—¿Has reparado en que tu mayor ilusión se está empezando a convertir en un serio problema para ti?

—Sí… Un sueño que deseaba se hiciese realidad, convertido en mi peor pesadilla… ¿Cinco hijos? ¿Cómo se maneja eso? No podré cuidarlos, ni atenderlos, ni disfrutar de ellos…

Interrumpí su reflexión para recordarle que, angustias aparte, el quinto estaba de camino:

—¿Y qué voy a hacer? Tenerlo —aceptó resignada.

—Pues entonces se repetirá un proceso que conoces perfectamente —apunté—, aunque con ciertos contratiempos que cabía esperar, tras someter al organismo a un sobresfuerzo tan grande: molestias, dolores, incontinencia…, quizás alteraciones irreversibles de las que tan solo tú te percatas. Afortunadamente, no provocan ninguna complicación significativa, y nace…

—Otro niño —reveló, al límite de su resistencia anímica.

Me permito un paréntesis mientras Maya recobra el aliento y te invito a ti, lectora, a que, como ella, compongas en tu mente un panorama similar. ¿Qué sientes? ¿A que hay una gran diferencia entre simplemente pensarlo y sentirlo?

En fin, retomemos la historia…

—¿Recuperada? —la miré para comprobarlo—. Volvamos al hospital, donde acabas de estrechar entre tus brazos al (por ahora) último miembro de la prole…

—¿Por ahora? —me interrumpió.

—Que no te extrañe, porque detrás llegarán otros tantos, además de algún aborto y la muerte prematura de un par de ellos —le aclaré.

—¡Ay, por favor, Patricia, para! Hemos ido demasiado lejos, no quiero imaginarme esto… —suplicó entre lágrimas.

—De acuerdo, hasta aquí —accedí—. Gracias por participar en esta recreación que hemos hecho, parcial y aproximada, porque representa solamente una ínfima muestra de lo que vivieron tus abuelas y tus bisabuelas: esas que, según tu propio testimonio, eran muy fértiles y, en consecuencia, no tenían problemas…

Durante unos minutos, permaneció muy conmovida, cabizbaja, tomando conciencia de lo que habían sufrido en su familia unas mujeres a las que ella consideraba afortunadas por su maternidad, justo lo que Maya anhelaba.

Según comentaba al principio, he oído múltiples versiones de este drama tan devastador como habitual que asoló nuestro pasado, no muy lejano. Embarazos que se sucedían (con el consecuente perjuicio para la salud de la madre), fruto en numerosas ocasiones de relaciones sexuales no deseadas. Niños desatendidos por falta de recursos de toda clase, gestaciones malogradas, cruces pequeñitas y tumbas en lugar de cunas… Si desgarra el alma perder a uno, no alcanzo a calcular la dimensión del dolor cuando son más los que se van…

Cada vez que realizo este trabajo terapéutico, enseguida reconozco al menos dos beneficios:

- Uno, ser capaz de comprender lo que para ellas habría significado la solución (no tener más hijos), que se ha grabado en su descendencia, porque localizar el conflicto constituye el primer paso para resolverlo y facilita las cosas. El de Maya era evidente: su inconsciente había trasladado a las células el mensaje heredado «más hijos, no», sin saber que aún no tiene ninguno; únicamente posee la información de sus antecedentes biológicos, y evita que se perpetúen.
- Lo segundo, que me encanta, es honrar a esas mujeres que han sido nuestra madre, nuestra abuela, nuestra bisabuela, nuestra tatarabuela… y de ahí para arriba en el árbol. A ellas les debemos (agradecer) la vida, pero hemos banalizado su dramática experiencia. Al homenajearlas, no solo las acompañamos en su duelo, sino que también liberamos una pesada carga que todavía pesa sobre el inconsciente femenino en la actualidad.

Me recorre un escalofrío cuando rescato en mi memoria la imagen de mi abuela materna hablando de su experiencia con cinco hijos. Cualquiera de los adjetivos que empleaba transmitía un marcado carácter negativo, aunque para no sentirse mal, hacía hincapié en que, a pesar de todo, los adoraba. Y se refería abiertamente, sin reparos, a las relaciones íntimas con su marido, que más que disfrutar, acataba sumisa. «Lo único que quiero es que acabes rápido y que no me hagas otro chico», le decía; sin embargo, la suerte se volvía en su contra. A partir del tercer embarazo saltaba por las escaleras con intención de caerse y perder al bebé. Un relato absolutamente brutal que se imprimió, para no borrarse, en el inconsciente de mi madre y en el mío. Resultado: nuestra biología obedeció a rajatabla la máxima «más hijos, no».

Maya me escuchaba muy atenta, sin dejar de llorar…

—Desahógate, no escatimes en lágrimas y suelta ese lastre genealógico que bloquea tu capacidad para concebir —le aconsejé—. Cuando te hayas librado de ello, habrás abonado el terreno para sembrar un futuro muy diferente. Este trabajo es muy profundo, no va a terminar en esta sesión; se prolongará, después de que te marches, durante días, semanas, meses… lo que necesites. Vierte en palabras tu emoción, escríbele una carta a tu abuela o a tu bisabuela o a ambas… Luego, sitúate frente a ella (o ellas) y a todos sus hijos, muéstrales tu empatía y agradéceles la vida; comparte su dolor y, paralelamente, hazles ver su contrapartida positiva, porque gracias a su fatigosa peripecia vital, existes tú. Diles que a ti te gustaría ser mamá, y que la sociedad actual facilita los mecanismos tanto para prevenir embarazos no buscados como la mortalidad infantil. Explícales que, precisamente por eso, has decidido instalar un nuevo programa en el que la maternidad es una maravillosa elección, un regalo de la naturaleza, y que tú eliges ser mamá de unos hijos a los que vas a alimentar, a mimar, a educar…

—Es increíble, Patricia… ¿Cómo nos pasa desapercibido todo esto?

—Porque lo hemos asimilado con tal naturalidad que ni siquiera nos detenemos a reflexionar sobre ello —concluí—. Pero tú y yo lo hemos hecho, y estoy segura de que ayudaremos a otras mujeres con problemas de fertilidad de este tipo.

Si eres una de ella, si te ves reflejada en esta historia, ponte manos a la obra, como Maya y como yo. Saca de tu interior ese sufrimiento que te consume y que no te pertenece; simplemente, lo has heredado. Resetea tu mente y adáptala a tu presente para empezar de cero.

Bloqueo:
El mensaje heredado de «más hijos no, por favor» está activo mientras no somos conscientes de que ya no es la solución y de que podemos reconocer el sufrimiento de lo vivido, sin repetirlo.

Origen del conflicto:
Vida cronológica - Período fetal - **Herencia emocional**

Solución:
Escribir una carta y realizar un acto simbólico para honrar a las antepasadas, expresar ese dolor y conectar con una nueva información y una nueva ilusión.

13. CON ESTE HOMBRE, NO…

Este es un bloqueo que encuentro en muchas ocasiones, aunque parezca mentira que una mujer busque un hijo con una pareja con la que no acaba de encajar… El problema real es que a veces el por qué siente eso no lo sabe (conscientemente).

Llegamos a esta vivencia por algo muy curioso muy curioso. Tras dos intentos, los ovocitos no lograban pasar de 14 ó 15 milímetros, y por tanto no podían seguir adelante y transferirlos. El caso es que en una inseminación previa, sí habían crecido más de 20, pero de repente ella se asustó, decidió parar el ciclo y se fue todo al garete.

Yo no daba crédito, pero como mi filosofía es que todo aporta información, tomé buena nota de lo que habíamos hablado aquel día. En la siguiente cita, le pregunté:
—¿Qué significado tiene ese tamaño de 14 ó 15? ¿Por qué es una solución no pasar de ahí? ¿Por qué es importante que no se desarrollen? Tiene que haber algo en tu biología —reflexioné— que le impida superar esa fase de maduración. ¿Tal vez hubo una Laura que se quedó completamente paralizada en ese momento de su vida…?

Y entonces, ¡dimos con la clave! No te vas a creer cómo es capaz de grabar los sucesos importantes el inconsciente y qué tipo de asociaciones puede llegar a establecer…

Después comprendí muchas cosas (como casi siempre, primero es la experiencia y luego el entendimiento), porque en ella existía una contradicción muy grande. Ya habíamos trabajado antes sobre ello: era imprescindible no crecer y satisfacer así los deseos y el mandato de su madre, para quien debía continuar siendo una niña. Tenía muy grabado lo de no ir con chicos, no hacer nada de lo que las mujeres hacen, permanecer como la eterna niña a la que cuidar y nunca convertirse en adulta. Uno de los grandes bloqueos de Laura era ese: que los conflictos contenían un doble conflicto, que se contradecían entre sí.

Pero en este caso me contó algo muy diferente:
—Mira, Patricia, no sé por qué pero últimamente no hago más que pensar en la soledad, en quedarme sola, y me da pánico…
—¿A qué tipo de soledad te refieres? —indagué—. ¿Sin hijos, sin padres, sin pareja, sin nadie?
—La soledad de saberme abandonada, sola, sin pareja —contestó—, como cuando me dejó mi primer novio…
Y según me lo estaba diciendo, comenzó a emocionarse.

En ese momento me quedé completamente desconcertada, no me explicaba a cuento de qué salía ahora el tema de su primer novio. Por un instante pensé que quizás se tratase de una maniobra para desviarse del tema (a veces hacemos esto en terapia para evitar ir al punto de dolor), pero como he visto casi de todo y el inconsciente siempre está mostrándose y siempre me vuelve a sorprender… decidí, menos mal, dedicar un par de minutos a comprobar por dónde iba.
—Bueno, entonces… ¿cuánto hace de aquella primera relación?
—Pues… No sé… Tal vez desde los 14 ó 15 años, en que ya me había enamorado de él.

Mis ojos se abrieron como platos. ¡No podía ser casualidad! De modo que aquel «paréntesis» de dos minutos nos ocupó toda la hora. La animé a que prosiguiera con su relato. Ella no había reparado en la coincidencia.

—Nada, que yo estaba locamente enamorada de él. Me llevaba dos años y era el chico más guapo al que todas perseguían. Me confesó que le parecía muy niña, pero que cuando creciera saldría conmigo. «Cuando crezcas...». Tengo grabada a fuego esa frase, Patricia, y dejé transcurrir 5 ó 6 años... —Ahí se derrumbó—. Toda mi adolescencia sin fijarme en ningún otro chico, sin mirar a nadie, solo esperándolo a él.

—Y al llegar a esa edad, ¿qué ocurrió? —intervine, mientras se calmaba.

—Sí, ya había cumplido 20...

De nuevo, noté que los ojos se me abrían como platos al oír esta otra cifra, y todo comenzó a cobrar sentido. Laura evocaba sus recuerdos:

—Me pidió que saliéramos juntos. ¡Por fin! Fue el momento más feliz de mi vida, en aquel portal, no se me olvidará jamás...

—¿Y después? —me interesé.

—Después se acabó.

En ese punto, se vino abajo. No acertó a articular palabra durante varios minutos... Intenté que la retomase mostrándole apoyo y empatía. Le dije que, al ponerme en su lugar, podía comprender de qué manera se le había desmoronado la vida, cómo había perdido la ilusión y la fe en el amor... Ella solamente asentía con la cabeza; su pensamiento se había detenido y yo lo estaba leyendo. Le sugerí que, en cuanto recobrase un poco el ánimo, expresase el dolor que guardaba dentro de sí y que tanto daño le había causado.

Me confesó que lo peor había sido tomar conciencia de la inutilidad de la espera, porque con 14 ó 15 no se planteaba que quizás no sirviese de nada; se limitaba a soñar y a imaginar. Fue al hacerse mayor cuando su inconsciente, para enfrentar la frustración de haber esperado en vano, encontró que la solución era no crecer, lo mejor hubiera sido quedarse en los 14 ó 15 años. Su biología respondió de la misma forma.

Empleó casi media hora en descargar el sufrimiento acumulado. A continuación, le expuse algunas de mis conclusiones acerca de ese ciclo y de esos datos memorizados.

Se quedó perpleja, y una vez remontada la sorpresa, profundizamos un poco más. Le pedí que retrocediese hasta la fecha crítica en que se había producido la ruptura para reanudar la conversación:

—¿Dónde estabais? ¿En qué sitio?

—En mi casa. Cortó conmigo y para ello utilizó la típica excusa de que no se sentía preparado; además, añadió que no se encontraba bien, que le afectaban mucho los cambios de estación, sobre todo el otoño y la primavera, por el cambio de hora. No sé cómo estará ahora —se rio—, pobrecito, en pleno septiembre…

Entre risas finalizamos la parte más dramática de aquel día. En ese ambiente relajado, aproveché para proponerle a Laura que ahora que era consciente de ambas imágenes —la de los 20 años y la de los 14 ó 15—, las representase en su mente y observase lo que sucedía.

—Hazle ver a ese chico lo ridícula que suena su disculpa —le sugerí—. Exprésale abiertamente lo que piensas: que le falta madurez, que su habilidad para la gestión emocional es nula, que busca pretextos para no enfrentarse a sus propias emociones… Y luego, fíjate en ese hombre que tanto has idealizado, mira en lo que se ha convertido.

De nuevo sonrió, divertida y burlona, y exclamó:

—¡Qué patético! ¡Es un Peter Pan! Siempre de flor en flor, sin comprometerse.

—Vale. Resulta que la Laura de 20 años reconoce que el amor de su vida es un crío —recalqué—, y además se lo dice a la cara, sin dramatismos, con el sarcasmo necesario para agradecerle que él mismo, mediante su reacción infantil, desmontase el mito.

Según le hablaba, la Laura actual se iba dando cuenta de que inconscientemente permanecía enganchada a ese chico, esperándolo. Eso la bloqueaba y le impedía crecer; de ahí que ningún hombre le pareciera el padre idóneo para sus hijos. O soltaba amarras, o no zarparía jamás hacia un horizonte distinto; para ello, le recomendé que, en primer lugar, identificara un lugar de su cuerpo en el que situar simbólicamente ese anclaje —el mismo que la unía a él a los 20 años— y que visualizase la cadena que la sujetaba desde hacía tanto tiempo.

—Es que se marchó sin cerrar la puerta, y yo me aferré a la idea de que (quién sabe…) igual cambiaba de opinión y volvía a por mí —admitió decepcionada.
—Ok. Cierra tú la puerta —repliqué—. Ya va siendo hora de que cortes por lo sano, de que le entregues esa atadura a la Laura del pasado y de que en adelante emprendas un viaje plenamente libre, donde encuentres el amor maduro y puedas realizar por fin tu sueño de ser madre.

Una vez hecho esto, la de 20 años se puso en contacto con la de 14 ó 15 y fue así de franca con ella:
—Mira, yo vengo del futuro, conozco el futuro, ¿y sabes qué? Que dentro de 6 años seguirás plenamente enamorada de ese hombre, vivirás ese amor y enseguida se esfumará. En cualquier caso, esos sentimientos, esas ilusiones, esa gran magia, esa emoción intensa y la pasión de una quinceañera son lo mejor del mundo. Disfruta. La felicidad que te produce no te la va a quitar nadie. Lo que importa es sentirla, no el final.
Y terminó, algo sorprendida:
—¡Anda! ¡Es verdad! ¡Me siento feliz sintiendo tanto amor!
En efecto, todo cambia cuando cambia el sentido que le damos a cada cosa, y finalmente las tres Lauras (la de 15, la de 20 y la de hoy) consiguieron desengancharse de aquella historia. Solo faltaba que la adulta les diese permiso a las más jovencitas para crecer y conocer otros amores.

—¡Wow! ¡Lo pueden hacer perfectamente! —se asombró a sí misma—, y ahora me descubro libre, muy libre, sin encadenamiento de ningún tipo.

Incluso se atrevió a mirar fotos de él, tantos años más tarde, algo que me confesó que nunca había sido capaz de hacer desde que lo dejaron. No solo no lloró, sino que esbozó una sonrisa. Definitivamente, se había liberado.
A continuación, se hallaba en condiciones de sincerarse con su pareja actual. Le di unas pautas:

—Crea una imagen mental de tu pareja actual. Mírale a los ojos y dile que estás lista para amarle y comprometerte con él, que eres la mujer madura donde se desarrollarán los ovocitos y se convertirán en vuestros futuros hijos.

Lo curioso del caso de Laura es que hubo una etapa en su vida, con 14-15 años, en que la solución había sido justo la contraria: crecer muchísimo y muy pronto. Si hubiese intentado quedarse embarazada por aquel entonces, seguramente tendríamos la prueba de que sus folículos crecían rápidamente, aunque no lo sabremos porque en aquel entonces no ocurrió.

A los 20 tuvo lugar el episodio del abandono que tanto la marcó, y una parte de ella asumió que el problema había consistido, precisamente, en crecer, llegar a estar juntos, mantener una relación, albergar ilusiones… total, para nada. En la desolación, intervino el inconsciente programando una solución: la de detener el tiempo en los 14-15 y dejar la puerta abierta a un amor que no volvería.

Mientras no llegase el «hombre» de su vida (que resultó ser un Peter Pan), no habría otro capaz de materializar su deseo de concebir un bebé. Mientras el inconsciente ordenase «con este hombre, no», la parte consciente se quedaba sin recursos.

Bloqueo:

Por un lado, quedarse en los 14 o 15 años y no crecer, no pasar de ahí para no llevarse la decepción de aquel desamor. Por otro lado, seguir esperándole siempre, sin cerrar la puerta porque dijo que tal vez un día volvería, así que ni la pareja actual ni ningún otro hombre valían como padre de sus hijos. Ante cualquiera de ellos, su inconsciente decía «con este hombre, no».

Origen del conflicto:

Vida cronológica - Período fetal - Herencia emocional

Solución:

Darse cuenta de dónde estaba el origen del problema, sacar de ese sufrimiento y de esa creencia a la adolescente, enseñarle que lo importante es vivir y sentir el amor, acabe como acabe, hacerle comprender que no conocemos el futuro y que hay una parte de ella que no necesita esperar más. Puede cerrar la puerta definitivamente y dejar de esperar. Es el momento de abrirle la puerta al amor, a su pareja actual, y de madurar para decir ahora «con este hombre, sí».

14. NO ME DESEABAN COMO NIÑA: HIJA DE REEMPLAZO

Fue curioso ver cómo Josefina invertía aleatoriamente el símbolo del sexo femenino y masculino en todo su árbol genealógico. Enseguida me llamó la atención y se lo hice notar. Ella reaccionó como si se tratase de una simple equivocación. Pero el inconsciente nunca se confunde… Donde había hombres, veía mujeres; donde había niñas, ponía niños, y esto no se trataba de una casualidad.

Tenía una apariencia andrógina, por su físico, la dureza de sus rasgos faciales, su corte de pelo, su forma de vestir…, pero sobre todo por su forma de pensar y su comportamiento. Era una mujer fuerte, de acción, de esas que pueden con todo y tienen «un par de huevos», para definirla con sus propias palabras. Ahora permíteme un breve inciso para que la conozcas más y puedas entender mejor el conflicto que se manifiesta en este caso:

El cerebro humano está formado por dos hemisferios, y es necesario que exista un equilibrio entre ambas partes para afianzar la salud a todos los niveles. Biológicamente, en la mujer se advierte un predominio de su parte femenina, que se refleja en su forma de vivir los conflictos; eso, sumado a sus niveles hormonales, tan básicos como los estrógenos y la testosterona, determinan su manera de ver y sentir la realidad. Además, influye directamente en la ovulación, la fecundación y la implantación de un embrión; es decir, en todo el proceso de concepción y gestación.

Pues bien: Josefina funcionaba más con su cerebro masculino que con el femenino.

En un primer vistazo a su árbol, también resultaba curioso que su fecha de nacimiento coincidiese justo nueve meses después de la muerte (por causa desconocida) de su primer y único hermano: él falleció (con algo menos de un añito) un 5 de septiembre y ella nació un 8 de junio del año siguiente. Tal vez parezca casual, increíble o imposible, porque se hace difícil imaginar que sucedan estas cosas. Incluso ella misma se lo había preguntado a su madre en alguna ocasión, y por toda respuesta recibía evasivas. «Debió de ser por obra y gracia del Espíritu Santo», bromeaba Josefina entre risas. Pero evidentemente, el «misterio» se reducía a que había mantenido relaciones sexuales el mismo día o alguno después del funeral del pequeño (sí, también puedo ser antes, pero la hipótesis inicial era coincidente con su problema, como luego comprobamos). Tal vez a algunas personas les cueste entenderlo, porque asumen que el dolor anula cualquier deseo; sin embargo, a veces ocurre que cuando se pierde un hijo, durante las horas o los días posteriores se dispara la libido extraordinariamente, a modo de remedio biológico urgente para crear otra vida que reemplace a la que se ha ido y al mismo tiempo palíe el dolor; consiste, básicamente, en un mecanismo de negación y de reparación. Por supuesto, nadie reemplazará a ese niño, pero para el inconsciente de la madre puede convertirse en el único recurso frente al sufrimiento y para hallar una solución simbólica.

—Josefina, ¿te das cuenta de que realmente buscaban un hijo de reemplazo para sustituir a tu hermano y que por eso concibieron otro bebé en pleno inicio de duelo? —le expuse sin rodeos.

—Sí, ahora comprendo que esperaban un niño para ocupar el lugar del que se había ido —afirmó—. E intuyo su decepción al verme a mí... Querían un José y tuvieron que conformarse con una Josefina...

—Bueno, conscientemente quizás... —reflexioné—, pero si fuiste una niña hay una razón, y es que si por ejemplo el inconsciente graba que los varones fallecen, la biología responde con embarazos de niñas, ya que importa mucho más que vivan a que sean del sexo que deseamos. Fíjate: en tu genealogía se dieron siete casos de niños varones que murieron pequeñitos; por tanto, muy probablemente el inconsciente biológico familiar herede esa información, incluida tu madre, y aunque una parte de ella anhelase traer de vuelta a su chiquitín, en el fondo prefería concebir a una niña para acabar con la maldición.

Lo cierto es que su mente racional necesitaba un hijo varón para llenar el vacío del otro, y paradójicamente, una niña para que no se repitiese el luto. En resumen: naces con sexo femenino, pero tu inconsciente intenta amoldarse a la nostalgia de tus padres para obtener su aprobación, para ganarte su amor, y entonces te propones asemejarte a un chico; de ahí tus problemas hormonales. Todo esto repercute en tu fertilidad y está consiguiendo que sientas rechazo hacia tu identidad de mujer, porque si te esfuerzas en ser ese niño que perdieron, vas a desarrollar y poner en marcha una maquinaria contraria a tu naturaleza; en consecuencia, tu biología adoptará caracteres masculinos y no admitirá un embarazo. ¿Qué sientes al escuchar esto que te cuento?

—Puuuff… No sé, un poco de frustración y de desgana… —reconoció.

—Ok. Organicemos una obra de teatro imaginaria en la que intervienen tres personajes: tus padres hace 36 años y tú, recién llegada al mundo. ¿Estás de acuerdo? —le planteé.

—Claro, completamente —aceptó—. Ya veo la escena: una habitación blanca; mi padre y mi madre sentados en sendos sillones; y yo, acostada en una cunita enfrente.

—Perfecto. Hoy esa criatura es una mujer adulta que se va a dirigir a sus padres para comunicarles que han tenido una niña preciosa —continué—. Míralos a la cara. ¿Qué observas?

—No se lo creen, se muestran contrariados, ¡y mi madre se echa a llorar! —exclamó.

En ese momento, Josefina se emocionó por primera vez.

—Permítete sentir todo lo que surja —la animé—. Ahora vendrá el médico y les confirmará que no ha nacido un varón, sino una maravillosa bebita sana; que su hijo José se marchó y no va a regresar. Tienen que ser conscientes de esa realidad.

Aquí se derrumbó y lloró con hondísimo desconsuelo, igual que sus padres.

—Sigue con detalle todo lo que sucede y enfréntate a esa imagen, por dura que sea. Es la de la decepción, el *shock* y la negación. Debes verla —le aseguré.

—No me quieren, no me quieren, no me quieren... —susurró, con la voz ahogada por las lágrimas.

—Sí, sí que te quieren —la tranquilicé—. El problema es que se encontraban bloqueados en un duelo que nunca hicieron; negaron la realidad y al darse de bruces con ella no supieron cómo manejarla. Debieron concederse un tiempo para despedir a su hijo y encajar su pérdida, y no buscar otro de inmediato que le devolviera la vida. De pronto, apareciste tú: un bebé distinto al anterior, un milagro de género femenino.

Mírales, y desde tu perspectiva actual, con la niña en tus brazos y acompañada del médico, ábreles los ojos y el corazón con estas palabras: «No soy José, ni lo voy a ser. Él se ha ido para siempre; sé que es terrible, pero de nada sirve pretender que yo desempeñe su papel: ni tú sanarás la herida, ni yo podré construir mi vida».

Le costó verbalizar una declaración tan dolorosamente sincera, como cabía esperar.

—¿Cómo se ha quedado tu madre? —indagué.

—Llora sin parar, no me quiere mirar —dijo Josefina.

—¿A quién no quiere mirar? ¿Al bebé que perdió? Es importante que lo tenga claro —apunté—, porque lleva en esa negación nueve meses, un margen más que suficiente para afrontar el duelo, sin duda desgarrador. Pero afortunadamente estás tú para ayudarles a los dos, para inyectarles felicidad, para contagiarles la fuerza vital de un ser completamente nuevo y divino, que acaba de llegar a la Tierra con toda la ilusión y la energía de vivir, capaz de motivarles para seguir adelante, superar el trauma y hacer el duelo. En cuanto a ti, cerrar esa herida te permitirá desprenderte al fin de ese papel y ser plenamente una mujer. Expónselo a tu madre con tus palabras y desde el corazón.

Lo hizo, y de inmediato percibió un cambio positivo en la actitud de su madre.

—Después déjala que coja a ese bebé en sus brazos y que le hable así: «Bella niña, bella mujer: tú eres tú, y José es José; era José… Tu vida no es su vida y nada ni nadie le podrá sustituir; él era único, y tú también, y es terrible lo que pasó, pero yo te voy a amar, hija mía». Y después dale la oportunidad a la niña de que les dé un mensaje a sus padres: «Papá, mamá, os voy a acompañar en ese trance y os voy a dar fuerza, vida y alegría, porque a mí me sobra para compartirla, os puedo dar de mi medicina porque yo estoy plenamente viva».

Dedicamos un rato a reforzar esta idea y esta separación inconsciente entre su difunto hermano y ella, con las emociones a flor de piel. Y cuando su madre se pudo calmar, comenzamos a realizar el mismo trabajo con su padre. La intensa carga dramática del ejercicio, en el que se entrelazaban la tristeza, la impotencia y la rabia, asomó al semblante de Josefina a través de un llanto infinito.

—Josefina, a veces las situaciones más complicadas y más crueles son las más fáciles de solucionar, puesto que ya nada peor puede pasar —la consolé—. Tras haber tocado fondo, un pequeñito paso supondrá un gran cambio, y como por arte de magia, esos recuerdos inconscientes se desvanecerán para hacerle sitio a otra información con un nuevo sentido.

Vas a sellar un pacto con ellos, por medio de un acto simbólico en el que entierren a José. Visualízalo en tu mente, y cuando lo hayan hecho, despedíos los tres de él, depositad unas flores sobre su tumbita, y de regreso en la habitación del hospital, que miren con ojos renovados a esa niña con identidad propia, no suplente, que se convertirá en mujer.

Con esa valentía que la caracteriza, Josefina dio el paso, no sin dificultad. Se concedió unos minutos durante los cuales yo misma noté cómo se disipaba su pena y asomaba una sonrisa a su rostro.

—Se te ha iluminado la cara, Josefina —apunté—. Buen síntoma.

—Sí, y a mis padres —añadió—. Están felices, acariciando orgullosos a su hijita, con inmensa ternura y cariño.

—Exacto, porque ahora ven a Josefina, no a José, que descansa en ese lugar sagrado donde le han dado sepultura. Podrán ir a visitarlo, a llevarle flores y a decirle que permanecerá para siempre en sus corazones. Han cerrado el duelo, y eso significa que se encuentran en condiciones de convivir con su memoria sin sufrir.

En una visita posterior trabajamos en la imagen que se guardaban de él y en algunos otros detalles de esa historia, pero en esta sesión en concreto habíamos logrado el reconocimiento de Josefina por parte de sus padres, la afirmación de su personalidad. Irradiaba plenitud.

—¡Qué sensación! —se sorprendió—. Me he liberado de una carga que me pesaba demasiado, me siento como más viva...

—Lo estás plenamente —asentí—, y además puedes sentirte viva como mujer. Siente esa feminidad sagrada que tienes de nacimiento, que está ahí para disfrutar, para acoger y para procrear. ¡Permítete ser mujer!

Cuando salgas de aquí, en las próximas horas o en los próximos días, acércate hasta la tumba imaginaria de José, dirígete a él, cuéntale cómo se precipitaron los acontecimientos desde que él se marchó y cómo repercutieron en ti. Confíale tus sentimientos y tus pensamientos; prométele que lo tienes y lo tendrás presente, que es tu hermano mayor y que lamentas no haberlo conocido ni haber disfrutado de crecer juntos; paralelamente, explícale que no puedes hacer nada por su vida, pero sí por la tuya. Lánzale un beso y vete. Estáis en paz.

Para terminar, escríbele una carta a esa niña sonrosadita que duerme en el nido. Dile que es una preciosidad, que no hay otra como ella y que goza del permiso, el derecho y el deber de ser plenamente una mujer y de vivir su vida. Haz hincapié en esto último, ¿vale? Y tráeme la carta el próximo día.

Se marchó visiblemente conmovida. Lo que no se figuraba era la emoción que se iba a apoderar de ella cuando yo le leyera la carta a la Josefina adulta de hoy, como si se la hubieran escrito y dedicado nada más nacer y se la hubiera encontrado en un cajón tantos años después. En efecto, el impacto fue tal que sus niveles hormonales ascendieron notablemente, lo cual se traslucía en su apariencia. Había nacido una nueva mujer, una nueva Josefina.

Bloqueo:

En este caso había un doble conflicto:

1) Por un lado, esa necesidad inconsciente de ser un varón que reemplace al que se fue. Esto le impide a la mujer crear su propio proyecto de vida, como si tuviera que vivir intentando siempre ser la sustituta de su hermano.

2) Por otro, el programa instalado en el inconsciente del rechazo como niña, al que la biología reaccionaba bloqueando la posibilidad de quedarse embarazada, y que le impide alcanzar el equilibrio hormonal necesario para concebir y acoger un embarazo sano.

<u>Origen del conflicto:</u>

Vida cronológica - **Período fetal** - Herencia emocional

Solución:

Devolver conscientemente esta intención, este programa y conflicto, que realmente pertenece a los padres y no a los hijos. Realizar el cambio mental y emocional implícito.

15. CASAMIENTO Y UNIÓN SIMBÓLICA

15.1 La unión simbólica de Maca

Maca había trabajado ya varios aspectos en su proceso, y ambas nos preguntábamos por qué aún no estaba embarazada. Hasta que un día, al entrar en la que fue su última visita, de pronto me confesó, contrariada, que llegaba con la lengua fuera porque venía de ver el vestido de novia de su hermana, que se casaba en unos meses. Se mostró harta de tanto preparativo, de tanta ceremonia, de tanto regalo y de tanto rollo...

Atenta como estoy siempre al inconsciente de las mujeres que me visitan, enseguida me di cuenta de que el tema de la boda le producía cierto rechazo, así que le dije que me hablara un poquito de ello.

No tardé mucho en identificar cuál era el problema y cuál podía ser una de las causas de su bloqueo, porque además, como te contaré después, también había causado el mío.

Empezó a explicarme lo aburrido que era preparar una boda, que ella no se casaba ni loca, porque el matrimonio no tenía sentido, que todo le parecía un negocio y un dolor de cabeza, y bla bla bla bla bla... Así que le hice la pregunta del millón, aunque ya conocía la respuesta:

—¿Y tú no estás casada?

—Nooooo —contestó, alargando las oes como si no fuesen a terminar nunca.

Y ya sabéis que cuando estamos en el exceso, estamos en el defecto... en el conflicto. En ese momento entendí que Maca tenía grabada en su inconsciente la herencia ancestral de concebir un hijo en el marco de la legalidad, porque fuera del matrimonio sería un pecado. Eso era lo que le estaba impidiendo el embarazo. Entonces quise saber qué inconveniente veía en casarse. De nuevo, contestó con frases hechas: que si no era necesario, que si le daba pereza, que si su pareja pensaba lo mismo...

—Vale, quizás para vosotros no es un obstáculo —repliqué—, pero sí para vuestro inconsciente.

—Rotundamente, no —concluyó ella.

Llegado ese punto, le propuse un juego.

—Muy bien. Imagínate que ahora mismo te quedas embarazada —le dije—. Deja que te venga una imagen, la primera... ¿Qué ves?

—Me veo con una tripita que se nota bastante —respondió—. No sé, como de cinco o seis meses.

—De acuerdo. ¿Y estás de pie, sentada, sola, acompañada...? ¿Es de día o de noche? —continué.

—De perfil, sola. Es bastante de noche —aseguró ella.

Quise ir más allá y le pregunté:

—Cuando ves esa imagen, ¿qué sientes?

—Tristeza, miedo... —reconoció extrañada.

Noté que poco a poco entraba en situación profundamente, como conectando con alguna otra memoria que ni siquiera había vivido. Y di un paso más:

—¿Tienes la sensación de ser tú, otra mujer?

—Sí — contestó extrañada

—Acércate a ella. Contaré hasta tres y te meterás en su piel como si esa silueta embarazada, desolada y oscura fuera una especie de disfraz. Una vez dentro, permítete sentir todo lo que te transmita ese traje, por muy irracional que parezca. No cuestiones la información que recibas, no es necesario que analices ni pienses; simplemente, experimenta durante unos minutos.

A la de tres, se metió en el traje y en la piel de aquella mujer rápidamente. Le cambió la cara. Estaba tan asustada, tan paralizada, tan triste…, que repetía:

—Siento mucha tristeza, mucho miedo, mucho miedo, mucha tristeza, mucha tristeza, mucho miedo…

Y comenzó a llorar….

—Calma, yo estoy aquí contigo, acompañándote en esa tristeza y en ese miedo —la tranquilicé—. Siente y suelta eso que llevas dentro. No estás sola: estás con tu hijo, conmigo y con otras personas.

Yo no sabía qué ocurría exactamente, pero no me pasaba inadvertido el drama interior que vivía esa mujer, de modo que para acceder a algo más de información, la animé a que expresase libremente su dolor.

—Estoy sola, se acabó… —murmuró.
—Háblame de lo que te ocurre —insistí—. Háblame de ese niño, de tu embarazo, de lo que sucede…
—No lo quiero. Por su culpa me tengo que ir. No lo tenía que haber hecho… ¡Dios mío! ¿Qué he hecho? ¡Dios mío! ¿Qué he hecho…?

Tardamos bastante minutos en poder liberar todas aquellas emociones, todo aquel sufrimiento, toda aquella desesperación, todo aquel miedo, esa tristeza, ese arrepentimiento, esa culpa… Había tanta carga en ella, tan dura, tan intensa… Sería muy largo reproducir toda la conversación palabra a palabra, y creo te quedará más claro si lo resumo:

Maca descubrió después que esa mujer era su bisabuela y se había quedado embarazada cuando todavía era muy joven. Estaba soltera y no tenía una relación oficial a la vista de los demás, de modo que contravenía las normas sociales y religiosas del momento. Ese hijo había sido concebido en el pecado, para sus padres, para el pueblo pequeño donde vivía… y de donde se había tenido que marchar, debido a la «vergüenza», según conoció después.

Fue necesario trabajar mucho con el sentimiento de culpa. Lo hicimos sobre todo verbalizando el drama. Maca le escribió una carta a su bisabuela y le expresó que su situación era producto de los tiempos que le correspondió vivir, que no era lo mismo hace cien años que en pleno siglo XXI, y que el rechazo social hacia una madre soltera en el pasado era impensable en la actualidad. Le contó que ella deseaba tener un hijo, y que lo concebiría en el simbolismo de la unión sagrada que representa el amor, ese mismo amor del que fue fruto su abuela.

A veces el poder del inconsciente familiar tiene una fuerza que traspasa generaciones. Aquella mujer había vivido una historia dramática: embarazada, sus propios padres la hicieron subirse a un tren a las cinco de la mañana con destino a Francia, lejos de su tierra, para que ese pecado no fuera visible. Dejaba atrás a los suyos, al hombre del que se había enamorado, padre del bebé que llevaba en sus entrañas… Se fue para no avergonzar a toda la familia. Hazte una idea de lo que suponía esa información para algunas de las mujeres que la habían heredado, Maca entre ellas. Tener un hijo sin estar casadas las mantenía alerta para no reproducir aquel lamentable episodio.

Le aconsejé a Maca que se casase, pero no conforme a la tradición y el protocolo que ella no compartía, sino de una forma simbólica, porque en el inconsciente todo es real, lo simbólico y lo virtual, así que podía valer perfectamente ese tipo de unión para que de cara a los demás y al mundo, su inconsciente admitiera a su pareja como en un matrimonio legal.

Comprendió el sentido y preparó la celebración con su chico. Se vistieron para la ocasión, eligieron un lugar muy emotivo para los dos, se casaron ante los ojos del mundo y del universo, ante sus propios ojos en un acto privado para ellos, y luego les contaron a sus respectivas familias que se habían unido de esta manera simbólica, perfectamente lícita para convivir en armonía y concebir sin pecado. Lo importante era el simbolismo para ellos de esa comunión, que consciente e inconscientemente quedaba legalizada.

Fue un trabajo muy efectivo, porque al mes siguiente estaba embarazada.

15.2 La unión simbólica de Patricia

Yo también tuve que hacer este trabajo, aunque el sentido era un poco diferente. Te lo contaré a continuación.

Fue curioso, porque ya estaba embarazada pero no lo sabía. (Menos mal, ya que después de tres abortos, mejor no ser consciente de mi estado para no entrar en pánico). Así que eso me reafirma en mi convencimiento de que esa unión simbólica, que para mi inconsciente aún no existía, en nuestro caso fue vital para que mi hijo se quedara con nosotros.

Yo asistía a una terapia grupal, en la que cada una presentábamos un problema. Por supuesto, el mío era el tema de los embarazos y los abortos; había otras doce mujeres con otro tipo de problemáticas.

Cuando llegó mi turno, mi profesor y terapeuta comenzó a hablar en un tono muy místico sobre la verdadera unión, la de dos personas basada en el amor, en la fusión, en convertirse en uno solo para poder concebir, acoger y proteger en la unidad familiar a ese nuevo ser. Según le oía, algo muy profundo se conmovió en mí intensamente. Comprendí que no tenía eso, y no solamente porque mi pareja y yo no nos hubiéramos casado de una manera socialmente aceptada (eclesiástica o civil), sino porque además no sentía esa unión como algo real. Me di cuenta de que, por un lado, me veía como una mujer buscando un hijo junto a un hombre que también lo buscaba, pero me faltaba la sensación y el sentimiento de familia, de verdadera pareja para cobijar a ese hijo en nuestro regazo. Y entonces, un dolor profundo salió de mí en forma de lágrimas, pues entendí que mi aborto del embarazo ectópico, ocurrido tan solo unos meses antes, podía venir determinado por el hecho de que la nuestra no era la familia correcta, no era un hogar idóneo. Me afectó mucho reconocer que existía esa carencia; una parte de mí se sintió completamente sola en la búsqueda de la maternidad y de la paternidad. De pronto me pregunté en qué consistía la familia; hasta me costaba entender el concepto…

Mi profesor y terapeuta apuntó, de un modo muy sutil, que quizás era la unión sagrada en la que realmente se concibe un hijo lo que no había conocido nunca: ni en mi infancia con mis padres, ni en mi gestación, ni mi nacimiento, ni siquiera en mi conciencia. Ahí toqué el fondo del dolor. Y lloré… Lloré al darme de bruces con la evidencia: tenía una familia unida en lo físico, en lo aparente, pero no en lo profundo. Por eso no podía concebir o acoger a ese hijo: porque no quería que viviese una situación como la mía, que en el fondo estaba repitiendo de alguna forma. El inconsciente tiene tanta fuerza, guarda tanta información, que es capaz de ejercer un enorme poder.

Con la sospecha ya de que podía estar embarazada, me marché de allí con muy mal sabor de boca, pues todavía no había liberado toda la pena, producto de mi carencia. Me desahogué, escribí y saqué de mi interior la angustia que me invadía como buenamente pude; al llegar a casa, se lo conté a mi pareja:

—Amor, sé que hay un problema con esto y necesito sentir una unión simbólica entre nosotros, que tenga sentido para los dos.

Fue muy bonito ponerlo en palabras e intercambiar pensamientos y emociones. Incluso hicimos un sencillo pero muy efectivo dibujo, el de nuestro árbol genealógico. Trazamos nuestra unión y situamos debajo a ese bebé tan deseado. Después lo coloreamos, y me inundó una sensación inmensa de fusión y de solidez que no acierto a explicar.

Mi inconsciente integró la información de inmediato, y al fin pude sentir esa unión sagrada desconocida hasta entonces. Nunca sabré si se debió a la casualidad que mi embarazo desapercibido fuera descubierto unos días después y llegara a (feliz) término, a diferencia de los anteriores.

Este trabajo va mucho más allá de lo que conseguí en ese instante y del hecho de conseguir ser madre. Tomé conciencia de que también me servía para forjar un vínculo muy distinto al que había unido a mis antepasadas con sus parejas, incluido el caso de una de mis bisabuelas, que como la de Maca, se quedó embarazada sin haberse casado. Pero no me detendré en esta historia, que de alguna manera me bloqueó y tuve que resolver, para no desviarme del tema.

Me hizo gracia la reacción de mi abuela materna cuando, al mes siguiente, comunicamos a todos que esperábamos un bebé. La pobre estaba enferma, aunque tenía unos momentos de lucidez asombrosos que aprovechó para decirme: «¡Ay, qué alegría, hija! Pero sin estar casados…». Sonreí y quise complacerla, así que le confirmé —a ella y a los demás— que ya nos habíamos casado y prometí enseñarle las fotos de la boda.

Al día siguiente imprimí algunas fotos que nos habíamos hecho años atrás en Malasia, donde habíamos contraído matrimonio conforme al ritual de una tribu en la selva. No era más que otro simbolismo y un testimonio de nuestra unión ante la familia. Mis padres y mis tíos recordaron entre risas aquellas imágenes, y la abuela comentó con agrado:

—¡Qué guapos estáis! ¡Qué bien, hija! Esto sí que vale.

Claro que valía. La verdadera unión tiene validez en todas las partes del mundo. Poco después falleció mi abuela. No me cabe duda de que una parte de ella se fue muy tranquila y muy contenta al saber que aquel enlace se había producido. Yo estaba embarazada de más de tres meses y sucedió algo increíble, pero eso será motivo de otro libro en el que relato el embarazo y todo lo que sucede después.

Bloqueo:
- Tener un hijo sin estar casada es una vergüenza y te puede arruinar la vida.
- El no tener un sentimiento profundo de unión y amor.

<u>Origen del conflicto:</u>
Vida cronológica - **Período fetal** - **Herencia emocional**

Solución:
- Ser consciente de la historia vivida por la bisabuela para liberar el drama, reconocer lo que ella había vivido y darse cuenta de que hoy esa información no está adaptada a la realidad.
- Celebrar el acto simbólico y consciente de esa unión que tranquiliza al inconsciente.

16. TE CAMBIA LA VIDA...

La típica frase que todos hemos oído miles de veces acerca de los hijos: «Te cambian la vida». ¿Quién no la ha escuchado? Suena a topicazo, pero en ocasiones esconde un problema más profundo.

Este era el caso de Cynthia. Cuando asistió a su primera cita, llegué a pensar que no quería ser madre; todo parecían pegas: que había perdido la ilusión después de tantas pruebas y tratamientos, que estaba muy ocupada con el trabajo y le gustaba mucho lo que hacía, que se sentía muy libre y no quería renunciar a su libertad, que no se arriesgaba a que u
n hijo perjudicase su relación de pareja...

—Además, me falta instinto maternal, Patricia —confesó—. Veo que hay mujeres que anhelan la maternidad, que desean conocer ese amor tan inmenso que se siente por un hijo y que da sentido a la vida..., pero a mí eso me suena como peliculero... Mi vida ya tiene sentido, está completa, me satisface... No sé si seré capaz de amar así, y a veces pienso que los niños restan más de lo que suman. La gente habla de una alarma biológica que despierta la necesidad de procrear; a mí desde luego no me ha sonado.
Por otra parte, un bebé representaría un obstáculo en mi trayectoria profesional. He luchado duro para llegar hasta aquí, y no me arriesgo a que se malogre todo lo que he conseguido por tener que cuidar a una personita absolutamente dependiente.

Es verdad que Cynthia era una mujer de éxito tanto en el ámbito laboral como en el personal y el social. A la vista de un panorama como el suyo, resultaba paradójico que buscase quedarse embarazada y llevase más de tres años intentándolo. Tal contradicción me condujo a sospechar que quizás ese reparo que manifestaba no se derivase de su propia experiencia vital, sino de alguna otra radicada en su árbol genealógico; enseguida comprobé había nacido cuando su madre era muy muy jovencita, así que le pedí que me hablase de ello.

—Sí, tenía 18 años —confirmó—, y no se trataba de un embarazo deseado. Ni siquiera estaba enamorada de mi padre.

Cynthia aún no se había dado cuenta, pero yo empezaba a escuchar una repetición en lo que me acababa de contar: igual que ella había arruinado los planes de futuro de su madre, un bebé daría al traste con los suyos. Eso es lo que se temía, porque una siempre reproduce lo que ha vivido y lo que ha sentido (o todo lo contrario). Si ya en estado embrionario percibió emociones negativas de rechazo e incluso las consecuencias del alcoholismo de papá en forma de maltrato, lo que se grabó en su inconsciente fue justamente que la vida de mamá se había truncado con ese embarazo, porque significaba una atadura que ya no le permitía ser libre, ni dejar a ese hombre, ni hacer lo que quisiera. Y al dudar de su capacidad para amar como una madre lo que hacía era traducir su propia historia.

—Tú no te sentiste querida: ni en el útero materno, ni al nacer, ni en tu infancia… Viviste con tu abuela hasta los 11 años, y al volver a casa te encontraste con un infierno. Es decir, tu ambiente familiar no constituía precisamente un entorno caracterizado por el cariño… —advertí con ironía—. Lo que te cuestionas es cómo vas a dar aquello que no conoces porque nunca lo has recibido. Sin embargo, hay una parte de ti que sí conoce el verdadero amor, para ti misma y para otros seres, para el mundo, y por supuesto para tus hijos. Ahora no lo entiendes, pero vamos a trabajar sobre ello, tranquila.

Comenzó a atar cabos y a hallar coincidencias en su familia materna: desde su bisabuela a ella misma, todas habían sido primogénitas rechazadas por no llegar en el momento oportuno, por echar a perder la juventud de sus madres, por ser fruto de una equivocación, por destruir una ilusión… Ese mensaje inconsciente «eres madre y se te acabó la vida» se transmitió de una generación a otra, al tiempo que ganaba intensidad y crecía como una bola de nieve; para cuando alcanzó a Cynthia era tan grande que condicionó su fertilidad. Su mente inconsciente había asumido que los hijos empeoran la vida, así que la mejor solución pasaba por impedir la concepción.

—Cynthia —continué—, ciertamente te has criado privada del afecto que necesita cualquier ser humano, y abordaremos esa cuestión el próximo día; antes, conviene explorar tus prejuicios acerca de los hijos, porque puede que bloqueen tu embarazo. Lo he visto en cantidad de ocasiones. Para ello, te propongo un ejercicio: yo enuncio una frase, que repetiré varias veces, y tú enumeras todo aquello que te inspire, ¿vale? Atenta…: «Los hijos son… Los hijos son… Los hijos son…».

Nos empleamos a fondo durante casi diez minutos, en los que afloraron ideas y creencias muy diversas:

—Son obligación, limitaciones, impedimentos, cansancio, desgaste, sujeción a unas normas… Te debilitan como mujer, te hacen depender de un hombre y coartan la libertad. Me ha tocado hacerme cargo de mis padres y de mis hermanos; francamente, no me apetece asumir más responsabilidades.

—¡Vaayaaaa…! Pareces superconvencida… —opiné.

—Sí, claro —afirmó como reforzando una verdad absoluta—. Y por otro lado, me planteo quién soy yo para tener hijos, por qué y para qué si me anularía como persona para dedicarme a ellos…

—¡Uf! Pues eso sí que es grave —reconocí—, porque asociar la maternidad con una amenaza contra ti misma pone al descubierto un conflicto más importante de lo que te figuras. Nadie en el mundo, por el hecho de convertirse en madre, debería perder su identidad, y menos tú, que la valoras tanto.

Sonrió desconcertada y añadió:

—Admito que me estresa la sola posibilidad de que eso ocurra.

—Desde luego... —intervine—. Te estresa hasta el punto de que tu biología ha tomado las medidas oportunas para proteger tu identidad, tu libertad, tu independencia... frente a agentes (externos o internos) potencialmente peligrosos, como un hijo, porque este es el sentido que tú le das, no quiere decir que sea así, pero para ti lo es... Ahí nos vamos a centrar: en esa creencia instalada en tu inconsciente familiar a lo largo de cuatro generaciones, porque como tal, es posible cambiarla. Anótala en un papel.

Sin vacilar lo más mínimo, escribió:

> Cuando tienes hijos, se acaba tu vida.

—Bien. A continuación, arruga el papel y haz una pelota. Sujétala entre tus manos y párate a analizar qué sientes cuando la tocas, cuando te pones en contacto con ella, cuando la arrimas a tu cuerpo..., porque tu biología va a reaccionar a esa sensación. Cuéntame, ¿qué pasa? —le pregunté.

—Me pone un poco nerviosa la pelotita; preferiría no acercarla a mí —respondió.

—Ok. Entonces, imagina que todas las mujeres de tu familia, antepasadas tuyas, se encuentran detrás de ti. Representa esa escena en tu mente; en cuanto lo hagas, contaré hasta tres, tirarás la bola hacia atrás y observarás a quién le cae. ¿Preparada? Venga... 1, 2 y... 3. ¡Lánzala!

—Ha caído a los pies de mi abuela materna —indicó.

Había localizado su objetivo, y tal vez el origen de su bloqueo, aunque mi sensación fue que era más antiguo, que le sugerí:
—Quédate con ella y apartaos un poco de las demás, a fin de charlar un rato a solas, ¿de acuerdo? Mírala a los ojos, dile que eres consciente de lo que ha vivido y formúlale esta pregunta: «Abuela, ¿qué sentido tiene ser madre si los hijos te limitan y acaban con tu vida?».

Inmediatamente rompió a llorar, al darse de bruces con una realidad tan triste.
—Fue su forma de reaccionar ante lo inevitable: el rechazo. Acéptalo, Cynthia —le aconsejé—. A tu madre la trató como a un estorbo, y ella repitió la historia contigo, como si de ese modo se le brindase la oportunidad de entender y resolver. Pero no. Simplemente, transfirió el mensaje. Sé tú la que evite que se perpetúe: transfórmalo.

Al hilo de esta conversación, surgió un tema de enorme relevancia sobre el que profundizamos en la siguiente sesión: el *proyecto sentido* de su madre hacia ella. Lo expondré con un ejemplo en el próximo capítulo («Un proyecto de venganza»), no solo por la repercusión en el caso de Cynthia, sino también porque es un conflicto inconsciente que he detectado a menudo en otras mujeres.

—En resumen: para mi abuela y para mi madre los hijos trajeron desgracia e infelicidad; por eso nos han despreciado —concluyó—. Yo no voy a actuar igual.
—No, pero tu inconsciente teme que sí —maticé—, porque para ti es la única manera de comportarse con los hijos, tu única referencia. Por tanto, debes modificar esa información, y la primera fase del proceso consiste en verbalizar el problema.

Reservamos un amplio espacio de tiempo para que dialogase con su abuela, con su madre y con el resto de sus antecesoras.

Les comentó que había logrado identificar la causa de su no-relación con sus hijas respectivas e insistió en que esas vivencias no le pertenecían a ella. Aunque la habían hecho partícipe y se había criado en esa atmósfera reticente al cariño porque sus vidas se habían truncado al ser madres, había decidido cortar esa cadena para aprovechar su juventud, para alcanzar el éxito del que hoy disfrutaba, para poder quererse y querer a los demás… Ese era el destino que ella había elegido, muy distinto del heredado.

¿Y cómo construirlo, sin referentes? Hubo que crear nuevos ejemplos, y nos pusimos manos a la obra.
—Cynthia: piensa y menciona personas para quienes sus hijos no suponen un inconveniente de ninguna clase.
—Tú, sin ir más lejos —aseguró.
—¡Bingo! —exclamé—. Has acertado. ¿Un inconveniente mi hijo? ¡Al revés! Un estímulo, un incentivo. Te garantizo que desde que soy madre trabajo aún más, o con más eficiencia, o más motivada… No he aparcado nada de lo que me entusiasma, he asistido a cursos, estoy escribiendo *Las leyes de la fertilidad* (el primero de una trilogía) y atravieso por la mejor etapa profesional de mi carrera. Como verás, al menos laboralmente no se me ha acabado la vida. (Reímos las dos). Igual que yo, hay muchas mujeres para quienes la maternidad no es sinónimo de renuncia, sino de crecimiento a todos los niveles.

Encontró bastantes modelos casi al instante, y algo empezó a cambiar en ella al tomar conciencia de que existía otra realidad posible. Después, hicimos un par de ejercicios para desinstalar esas creencias que tan fuertemente habían arraigado en su inconsciente; además, los practicó en su casa a través del curso *on-line las leyes de la fertilidad*. Actualmente es una mamá de éxito, dentro y fuera del hogar, y su vida se ha transformado profundamente… Para mejor… Y le encanta.

Bloqueo:

Sentido inconsciente en su vida fetal y su nacimiento, de que ha significado la desgracia para su madre, por frustrar todos sus planes de vida, como a sus antecesoras. Creencias relacionadas.

<u>Origen del conflicto:</u>

Vida cronológica - **Período fetal** - **Herencia emocional**

Solución:

Dar valor a su vida y darse cuenta de que no le ha cambiado la vida a nadie, es el sentido con el que ellas lo vivieron. Cambio de creencias.

17. NO HE CONOCIDO EL AMOR

Tamara había descubierto, en sucesivas visitas, creencias sobre que los hijos limitan la vida, cortan las alas, etc., y se había ido con tarea para terminar con ese problema.

Al volver a otra de nuestras sesiones, me dijo:
—¿Sabes qué? Tengo la sensación de que carezco de instinto maternal, de que seré incapaz de dar el amor que una madre da a sus hijos, ni cuidarlos…

Incluso me confesó que temía llegar a tratarles mal, como se sintió tratada ella, y solo pensarlo le parecía aterrador.
—Mi madre, mi abuela y otras mujeres de mi familia han tenido hijos, pero no los han querido y no les han dado ni pizca de cariño; yo no quiero hacer lo mismo.

Recuerdo que un día escuché esto mismo en una conversación entre dos amigas. Una se mostraba visiblemente preocupada, y la otra intentaba quitarle hierro al asunto:
—Tranquila, mujer, tú no eres como tu madre o como tu abuela; tú amarás y protegerás a tu bebé, aunque nadie te haya enseñado cómo hacerlo. Y bla bla bla bla bla…

Yo pensé: «La parte consciente intenta convencer y convencerse con este tipo de argumentos, pero al inconsciente le son ajenos.

Tiene otro programa instalado y es al que atiende, es el que se dispara cuando oye hablar de hijos». Si alguna vez te has visto en una situación así… querida lectora, olvida los consejos de andar por casa e indaga un poco más.

Tamara continuó hablando de la falta de afecto y de esa naturaleza suya supuestamente extraña a la maternidad, de modo que le pregunté cómo se había sentido ella de querida.
—De querida… ¿cómo? —se sorprendió.
No entendía ni por qué le preguntaba eso…
—Me refiero a cuál ha sido tu experiencia con el amor en tu entorno familiar, con tu padre, con tu madre… ¿Cómo te has sentido de querida? —insistí.

Me miraba tan perpleja que por un momento me dio la impresión de estar expresándome en otro idioma. A duras penas, acertó a responder:
—No sé… —dudó al contestar—. Lo único que he recibido siempre es rechazo. Incluso me daba vergüenza, porque me parecía que mi madre y mis hermanos se reían de mí. Todo lo que hacía estaba mal, y recuerdo a mi madre casi como la típica bruja madrastra que se burla de la hija bonita. Durante muchos años he estado convencida de que había algo en mí defectuoso, y eso me ha convertido en una persona superperfeccionista.

—Claro —asentí—, y aún hoy hay una niña dentro de ti que intenta lograr esa perfección ante su mamá y su familia para poder ser reconocida, aceptada y querida. Y posiblemente tengas que trabajar también con ese bloqueo. Pero en primer lugar, vamos a hacer un ejercicio con esa niña para ver qué le ocurre realmente. Deja que surja en ti una imagen de ella (la que sea, donde sea, cuando sea y como sea), que refleje su sensación de rechazo, de soledad, de no sentirse querida
—Vale, ya está. Es una niña de 3 ó 4 años en el sofá de su casa —detalló.

Y seguimos investigando:

—¿Qué hace?

—Nada. Está sentada sola.

—¿Qué sientes tú al verla?

—*(Se conmueve).* Un poco de pena.

—¿Dónde está su mamá?

—*(La emoción aumenta).* No tiene mamá —afirmó.

—Bueno, sí tiene, pero no está; de hecho, nunca está. Se va, la abandona, la deja con otras personas en otra casa quizá...

Yo sabía que sus padres la habían enviado a vivir con los abuelos porque su madre pretextaba falta de tiempo para atenderla. En realidad, Tamara se daba cuenta de que representaba una molestia, y de que el verdadero motivo de enviarla con sus abuelos era quitársela del medio.

—¿Tú podrías acercarte a esa niña y abrazarla? —continué.

—Mmmm —dudó—. Creo que no, no sé... no puedo... es raro...

—Te diré por qué —intervine—. Como desde pequeña te privaron del abrazo, de mayor te resulta extraño. Creciste sin afecto, sin caricias, sin besos, sin calor humano, sin miradas tiernas..., sin las muestras de amor que necesita un niño.

Conforme yo iba pronunciando estas palabras amorosas, a ella se le saltaron las lágrimas, porque nunca se las habían dedicado y le removieron el alma. Le sugerí que se fijase en esa niña y la acogiese con todo el mimo de que fuese capaz, como si de una hija se tratase.

—Eres tú —le indiqué— la que hoy va a convertirse en la figura materna para ella, y cuando te perciba así, dale la oportunidad de liberar su dolor por la ausencia. Es importante que sea consciente de ese vacío y que lo acepte; no que se resigne, pero sí que lo asuma, que sepa que seguirá existiendo y que nadie lo va a llenar. El problema de esa niña es que la ha bloqueado el desamor, y se pasará el resto de su vida buscando que la amen, como un pajarillo hambriento, con el pico abierto a la espera de que su mamá le alimente. Será una adulta demandante del amor de mamá. Buscará unos amigos o una pareja que cubran esa necesidad, aunque de poco le va a servir, porque ninguno de ellos es su madre.

Me escuchaba en silencio, sin disimular su tristeza. Entonces, la animé a avanzar un paso más:

—Ábrele los ojos a la niña para que vea su verdad y la normalice, en vez de estar buscando quien la quiera, como una «vagabunda del amor». Si lo logra, obtendrá una doble ventaja: la primera, que al abandonar esa búsqueda desesperada, por fin descansará y podrá transformar ese vacío en una especie de caja mágica que, al abrirla, le ofrecerá un regalo nuevo, un aprendizaje, una idea…, no un deseo recurrente de colmarse con algo imposible. ¿Qué opinas?

No la noté demasiado convencida, así que añadí:

—Imagínate que le compras a la niña esa caja mágica como símbolo de su carencia, y que a partir de hoy, siempre que la abra encontrará un montón de razones que le dan sentido a su vida. ¿Crees que le hará ilusión?

—¡Desde luego! —exclamó.

—Muy bien, pues tan pronto como salgas de aquí, ve a comprar una caja preciosa y, al llegar a casa, ponla en la mesilla. Cada noche o cada mañana, al levantar la tapa aparecerá un signo mágico: una respuesta, una sonrisa, un gesto… No pongas tanto empeño en llenarla, porque ya está llena. Tu inconsciente se pondrá en contacto con esta solución siempre que veas esa cajita en tu mesilla, así que colócala a la vista.

La segunda ventaja de haber atravesado por determinadas situaciones y experiencias (unas mejores que otras) es que forman parte de la mujer que esa niña es en la actualidad, y de ella se puede sentir muy orgullosa, ¿a que sí?

—Por supuesto —sentenció.

—Y se lo debe a lo que ha vivido —repetí.

Para enfatizar este último aspecto, le conté la historia del arbolito del desierto, que nos enseña a apreciar quiénes somos gracias a las dificultades del pasado. (Por si no lo conoces, está en mi canal de youtube, *Patricia Bartolomé*). Y reanudé la conversación:

—A continuación, vas a conectar con esa imagen de la niña y le vas a hablar igual que a tus futuros hijos, agachándote para mirarla a los ojos, al tiempo que la coges de las manitas. Prométele que a partir de hoy te tiene a ti, que tú no la vas a abandonar nunca, que vas a pasar el resto de tu vida con ella, que la vas a cuidar, que entiendes su sufrimiento y que vas a permanecer a su lado.

La voz se le quebraba mientras hacía la promesa. Al concluir, quise saber:

—¿Qué actitud adviertes en la niña cuando le dices eso?

—Se muestra contenta, feliz…, me sonríe —reconoció.

—Perfecto. Buen trabajo —la felicité—. Confía en ti porque la vas a acompañar y no le vas a fallar. Tu tarea en los próximos días consistirá precisamente en demostrarle que te preocupas por ella y que la rodeas de todas las atenciones que precisa. Verás cómo crece sin que tengas que hacer nada más (y nada menos) e irás observándola, a través de imágenes, en las diferentes etapas de su crecimiento hasta alcanzar el presente. Recuerda que en el inconsciente no hay espacio ni tiempo, y eso hace posible dar saltos muy grandes como ocurre en los sueños. Previamente, tómate unos minutos para meditar, unirte a ella y situarla en algún punto de tu cuerpo. Este ejercicio significará una potente sanación con tu niña interior. ¿Qué sientes al ponerlo en práctica?

—Tranquilidad, paz, alegría —contestó, con semblante sereno.

—Estupendo —la animé—. Ahora, en ese estado emocional, contacta con una parte que compartís las dos, con el vientre que traemos de serie las mujeres y que contiene la información y el milagro de la maternidad, que es intrínseca a cada una de nosotras.

—Dice que sí, que ha localizado un rinconcito en el lado izquierdo de la tripa y que está ahí. Yo puedo verlo. Es como un minúsculo foco de luz.

A medida que avanzaba la sesión, Tamara ganaba seguridad y aportaba datos paulatinamente más concretos. Ese foco arrojaría la claridad que acabase con sus sombras; era importante que se centrase en él.
—Síguelo, no lo pierdas de vista —le propuse—. Y así, observándolo fijamente, respira despacio; deja que con cada inhalación la luz crezca y se expanda poco a poco por todo tu ser.

De inmediato, se obró un cambio en ella tan evidente que se manifestaba en su rostro, en su postura corporal, en su actitud en general… Al respirar, se liberaba y crecía en su interior ese instinto que había permanecido latente durante tantos años: el instinto maternal, sofocado pero no anulado, y por lo tanto, disponible en lo sucesivo para los hijos que habrían de llegar. La magia del amor inundó el momento y Tamara se sintió renacer. Antes de despedirnos, le planteé una última cuestión:
—¿Crees que serás capaz de querer a tus propios hijos?
Con cara como de haber oído una locura, respondió:
—¡Por supuesto! Además, tengo muchas ganas.

Había emprendido el camino. Solo quedaba grabar e instalar en cada célula el amor de madre. Aquella niña nunca volvió a ser la misma, y la adulta, tampoco. Ha sido mamá, y ama profundamente a sus dos hijas.

Bloqueo:
Carencia del amor de madre: no conozco el amor de mamá, no tengo el amor de mamá, no puedo dar el amor como mamá.

<u>Origen del conflicto:</u>

Vida cronológica - Período fetal - **Herencia emocional**

Solución:
Darse cuenta de que esa carencia no tiene por qué colmarse, y por supuesto no tiene por qué repetirse. Conectar con el amor esencial que hay en toda persona y en toda mujer creadora para hacerlo crecer y para potenciar una nueva idea de amor maternal y de amor hacia otras personas en general.

18. UN PROYECTO DE VENGANZA

María es de esas mujeres con una importante carencia afectiva en su infancia, de esas que temen no ser buenas madres y no querer a sus hijos, como le ocurría a Tamara, la de la historia «no he conocido el amor»… a quien su madre le inspiraba un gran rechazo. Después de varias consultas ocupándonos de ello, le propuse:

—María, creo que es necesario trabajar el *proyecto sentido* de tus padres, y más en concreto el de tu madre, para que puedas comprender por qué tienes esa sensación de falta de amor, y también para que le encuentres un significado a todo lo que has vivido, incluida vuestra relación materno-filial. ¿Probamos?

—Sí, claro —respondió.

—Estupendo. Pero antes de comenzar, te explicaré un poco más qué es esto del *proyecto sentido*.

Proyecto sentido: deseo inconsciente por el que somos concebidos

Como habrás podido comprobar, concebir un hijo no es algo que decidamos conscientemente. Tú, yo y muchas otras mujeres que nos hemos planteado ser madres en un momento dado, hemos justificado ese deseo con los típicos argumentos de que queremos traer al mundo a ese bebé para amarlo, para cuidarlo, para sentirnos realizadas plenamente y bla, bla, bla, bla… Sin embargo, esa intención consciente habitualmente no sirve de mucho (por no decir de nada), ya que es nuestro inconsciente el que toma la decisión de si nos conviene tener un hijo o no, y valora si pone en peligro nuestra supervivencia, la evolución, el placer u otras necesidades vitales…, y en tal caso, para qué.

A veces, este para qué es muy positivo, maravilloso, está lleno de amor y felicidad; los padres no tienen ningún problema, han liberado todas las cargas y bloqueos que arrastraban de sus ancestros, disfrutan de una vida plena y entienden que un hijo vendría a completarla. Ese pequeño nacería en un entorno confortable y crecería libre, con las condiciones más favorables para desarrollarse sano, desde el punto de vista mental, emocional y material. En otras palabras: hay un proyecto consciente que coincide con el inconsciente.

Pero esto ocurre en pocos casos; por lo general, somos padres o madres, abuelos o miembros de un clan que necesitan inconscientemente cubrir una carencia vital, y en ocasiones se hace a través de un hijo. No es malo ni bueno; recuerda que el inconsciente no juzga, no valora, no piensa… solo posee una información y responde a ella.

Con esto te quiero decir, María, que los planes de los padres pueden ser muy limitantes para nuestra vida, porque, aun cuando no sean conscientes de ello, con frecuencia están destinados a satisfacer una necesidad suya. Esto es algo que descubrió hace años Marc Fréchet; él mismo lo experimentó y, de hecho, marcó su existencia. Gracias a su descubrimiento, hoy podemos conocer y cambiar esta información. Para que te hagas una idea, intentaré resumir su experiencia personal:

Marc Fréchet, psicólogo francés especializado en el tratamiento oncológico y en esclerosis múltiple, nació en 1946, tras finalizar la II Guerra Mundial. En aquellos tiempos tan convulsos, su madre había sido condenada a prisión, y pensó que tal vez quedándose embarazada la justicia sería más indulgente con ella; así que el niño nace en la cárcel y pasa sus primeros años de vida allí.

Esa es la intención y la necesidad vital de su madre: la libertad, algo que descubrirá a través de su historia. Él define esta circunstancia como la programación de ser concebido para ayudar a su madre, y en un sentido más amplio, a la mujer «encarcelada». Finalmente, su madre estuvo encerrada todo el embarazo y nueve meses más; en total, dieciocho meses.

Marc se dio cuenta de que todo bebé es un proyecto, una idea preconcebida más o menos inconsciente, antes de ser engendrado. En su vida estuvo rodeado de personas mientras él permanecía solo, y atendía sobre todo a mujeres, a las que conseguía salvar con éxito de su enfermedad, de la prisión de la esclerosis múltiple. Estaba programado para eso.

El deseo consciente no basta para concebir un hijo; si así fuese, terminarían los desvelos de muchas mujeres y de muchas parejas. Otras incluso lo tienen sin desearlo, a pesar de los anticonceptivos, el DIU, la ligadura de trompas, u otros métodos de contracepción. Y eso es porque subyace un fortísimo deseo inconsciente y una necesidad vital sin cubrir, para la que se proyecta el nuevo ser.

El *proyecto sentido* normalmente se junta con la vida fetal, pero a mí me gusta distinguirlos. El proyecto en sí consiste en colmar una necesidad de los padres, que se inicia unos meses antes de que se produzca la fecundación y se extiende hasta un poco después de que haya nacido el bebé, aunque aquí, como te digo, hay diversas teorías. Tiene que ver con lo que pasa alrededor de la vida de la madre, del padre y del resto de la familia, con su situación y con las razones que explican para qué resulta vital concebir un hijo (o una hija) justo entonces. Si la vida comienza en tanto que respuesta a una carencia, esta información quedará impresa como un programa y será determinante en todas las etapas, de la infancia a la vejez.

Dicho de otro modo, un *proyecto sentido* es algo que nosotros visualizamos antes de que ocurra, es una intención de futuro y responde a un motivo; aunque con frecuencia no conocemos conscientemente esta información. Por lo tanto, cuando se concibe un hijo, por raro que parezca, influirá la necesidad inconsciente de su clan.

Y en muchos casos, este proyecto es completamente contrario a nuestro propósito consciente de ser padres o madres, de formar una familia, porque uno y otro son incompatibles. Por ejemplo: si yo he sido concebida para cuidar de mi madre, para servirle de bastón y acompañarla hasta el fin de sus días; o para asumir el papel de la madre que nunca tuvo o funciones similares..., seguramente mi inconsciente rechace por completo la idea de tener hijos, ya que esto supondría reservarles a ellos buena parte de mi tiempo, de mi cariño y de mis cuidados, a costa de abandonar en parte o en su totalidad el proyecto para el que estoy programada: ocuparme de mi madre... Como sabes, el inconsciente es un programa instalado; mientras no lo sustituyes por uno nuevo, ese funciona en automático.

Todos venimos al mundo con una misión y un objetivo específico, es nuestro propio proyecto, pero también nacemos con el de nuestros padres, y nunca averiguaremos en qué porcentaje pesa cada uno de los tres. Por eso, es imprescindible, desde mi punto de vista, conocerlos y transformarlos, para eliminar cualquier limitación y realizar nuestros sueños conforme a nuestro propio proyecto personal.

—¿Lo has entendido? —me dirigí a María, que asintió.
—Bien, pues procedamos con el ejercicio —continué—. Es muy sencillo, sobre todo si aparcas esa parte consciente; dale unos minutos para que descanse. Ahora no intentes comprender o analizar (eso lo hacemos luego), sino simplemente déjate llevar. Tu inconsciente lo conoce todo. Insisto: la única premisa es que

apartes a un lado la razón y que no fuerces los acontecimientos; solo permite que las cosas sucedan sin más.

Lo primero que vamos a hacer es una composición de lugar, es decir, recrear la circunstancia familiar en que fuiste concebida: cuántos años tenían tu padre y tu madre, qué pasaba en sus vidas, a qué se dedicaban, cómo se llevaban con sus respectivas familias…; en general, cuál era su situación cuando te concibieron.

María fue muy precisa:

—Mi madre se llama Julia, tiene 19 años, no trabaja, vive con mis abuelos. Tiene planes de casarse más adelante, de hacerse una casa, pero no tan pronto, sino cuando dispongan del dinero para ello. Además, mi padre llega muchos días borracho. Habitual en él…, hasta el punto de que la noche de bodas lo tuvo que llevar a rastras al hotel, completamente ebrio.

Mi padre se llama Juan y es un año mayor que ella. Trabaja bastante en una empresa de maderas; no le va muy allá económicamente, pero tampoco le falta para comer. La relación con su familia no es buena, bebe mucho.

—Vale. Echemos cuentas —le propuse—. Si naciste el 21 de junio de 1978, deduzco que fuiste concebida en torno al 21 de septiembre de 1977, ¿correcto?, y es en esa época cuando dices que tus padres tienen 19 y 20 años; por tanto, al nacer tú ya habían cumplido 20 y 21. Vamos a tomar la fecha de tu concepción, así como la edad y las circunstancias de tu madre cuando te engendró, y en una línea del tiempo imaginaria vas a colocar tu presente, tu futuro y tu pasado. En tu pasado, sitúa tu nacimiento y tu fecundación nueve meses antes.

Imagina esa línea como si la trazaras en el suelo, y pasea por ella hacia atrás hasta que llegues al lugar donde te concibieron. Hazlo lentamente y poco a poco; da un paso con cada respiración, deja que tu inconsciente vaya acercándose y conectando con ese instante.

Una vez que estés ahí, date un tiempo y espera a que aparezca una imagen de tus padres justo después de haberte concebido.

Tú ya estás allí, pero ellos no lo saben. Corre el mes de septiembre del año 77 y tu madre atraviesa por las circunstancias que acabas de relatarme (se las repito). Cuando obtengas una imagen que la represente a ella, dime: ¿está a la izquierda, a la derecha, frente a ti?

—Está de frente, a la derecha —contestó sin dudar.

—De acuerdo, pues fíjate en ese espacio, y a una palmada mía, da un paso para ubicarte en ese punto en concreto, como si de repente una parte de ti pudiera dejar al proyecto de bebé donde te encuentras ahora y la otra parte de ti pudiera acceder al inconsciente de tu madre, porque tu biología lo conoce. Luego te haré unas preguntas, pero dirigiéndome a tu madre, que es la que ocupa ese lugar. ¿Estás preparada?

Como María se mostró segura y dispuesta, nos pusimos manos a la obra.

—Venga, aproxímate a Julia y métete en su espacio, el de esa Julia de 19 años, que sale con un chico llamado Juan que trabaja en una empresa maderera, que no mantiene una buena relación con su familia (sobre todo con su madre), y que de pronto para ella es importante concebir un hijo. Escúchame atentamente y concédete un rato para que surjan respuestas de tu inconsciente, aunque no las entiendas.

—Julia, ¿por qué es importante para ti concebir un hijo ahora, tan joven?

Sin vacilar, María/Julia enumeró varias causas y finalidades:

—Por la falta de amor, para hacerme fuerte, para escapar de la prisión de mis padres y especialmente de la de mi madre, para salvarme de todos, para frenar sus imposiciones…

—¿Y para qué más es importante? —indagué.

—Para ser madre, para crecer, para ser adulta e independiente. Para no ahogarme. Para obtener el reconocimiento de mis padres, que me van a aceptar más. Por miedo a estar sola, para que me cuiden, para que me ayude a cuidar a mi madre, para acelerar el matrimonio…

La animé a que no se detuviese; la lista era extensa:

—Como regalo para mi madre, como compensación por casarme con un hombre al que nadie acepta (quizás lo acojan por ser el padre de mi hija), como regalo para mi futuro marido…

—De tu hija… —advertí—. ¿Por qué una niña y no un niño?

De nuevo, comenzó a enumerar:

—Porque me cuidará mejor, son las mujeres las que cuidan. Como regalo para mi madre (ella preferiría una niña como yo). Para que se parezca a mí. Para vengarme…, porque así la podré tratar como mi madre a mí: con distancia, con frialdad, con desprecio…

(La conversación aquí empezó a calentarse…).

De ese modo, mi madre sufrirá al ver cómo la trato y la enfrentaré con mi propia realidad, ya que ella me trataba igual. Quiero una niña para vengarme, para vengarme de mi madre… Me da vergüenza reconocerlo… —aquí interrumpió su discurso.

—Sí, lo entiendo, es duro… —intervine—; pero sigue, tranquila, siéntete libre de exteriorizar lo que surja.

—Para vengarme. No puedo parar de repetirlo… —admitía con rabia.

—Es suficiente información, no te preocupes. A continuación, regresa al lugar de ese embrión recién concebido; quiero contarle este proyecto que tiene su mamá. De esta forma, jugará con ventaja, porque tendrá conciencia de ello y podrá utilizarlo según le convenga. ¿Estás lista? —la miré a los ojos con complicidad y aceptó el reto sin vacilar—.

Perfecto. Avanza hacia ese lugar donde te alojabas en tu concepción, donde eres un futuro bebé, muy pequeñito, una célula que se está dividiendo y formando… Te voy a revelar el proyecto inconsciente que tu madre tiene para ti; deja que se produzcan conexiones, tomas de conciencia, demostración de emociones…

Lentamente, me puse a leer todo lo que Julia había expresado. Según lo iba asimilando, las lágrimas tiñeron el rostro de María con una tristeza y un dolor muy profundos, como quien recibe una sentencia de muerte; en este caso, de vida… Al acabar, profundicé en el revuelo que se estaba produciendo en su interior:

—¿Qué es lo que te emociona? ¿Tiene esto sentido para ti?

Asentía con la cabeza sin poder hablar. Enseguida reanudó la conversación:

—Sí, ha sido la historia de mi vida. Mi abuela cuidó mucho tiempo de mí y siempre fue testigo de mi sufrimiento, tal y como pretendía mi madre. Claro, mi abuela lo ha pasado muy mal al ver cómo me sentía yo, y discutía a menudo con mi madre por el trato que me daba. Increíble…

—Es fundamental que vacíes toda esa tristeza, desesperación, impotencia… Hazlo —le sugerí—, porque al fin eres consciente de algo que hasta hoy funcionaba automáticamente, y lo peor de una experiencia tan traumática es que te impide ser madre, porque para tu inconsciente corres el peligro de reproducir el mismo esquema; de hecho, una parte de ti en el fondo necesita volver a eso: a concebir una hija para vengarte de tu madre, pero hay otra parte de ti llena de amor que no tolera la venganza.

O sea: por un lado, tu instinto maternal ha sido presa de un bloqueo, debido a que tu propia madre te ha negado su amor; por otro lado, guardas un amor inmenso dentro de ti, a pesar de no haberlo sentido, y está reservado para ese bebé que tanto anhelas. Es normal que te cuestiones si serás capaz de amar; para que te convenzas de que sí, previamente debes liberar toda esa carga emocional.

María lloraba a la vez que pataleaba y apretaba los dientes; a punto estaba de gritar de rabia.

—Cuando te calmes, ponle un título a ese proyecto de vida.

Me fui a por un vaso de agua.

—*La venganza* —resolvió, tras aclarar la voz.

—Ok. —No me sorprendió—. Asócialo con una imagen, un objeto, un color… Lo primero que se te ocurra.

—Con un cuchillo ensangrentado —aseguró.

—Cógelo entre tus manos y deposítalo a los pies de la imagen de tu madre, como si se lo devolvieras, como si tú simplemente dimitieras. Cuando se lo entregues, declara lo siguiente: «Toma, mamá. Gracias. Me ha servido para aprender muchas cosas, pero también me ha limitado y me limita demasiado. Era tu proyecto, no el mío, tu necesidad, no la mía; por tanto, quédatelo y haz con él lo que quieras, yo ya no lo necesito». Tan pronto como concluyas el acto simbólico, retorna al lugar de tu concepción, y desde ahí, liberada de una carga ajena, avanza durante los meses de gestación hasta tu nacimiento y el resto de tu vida. Hoy, ya libre de ese proyecto, observa lo que cambia en ti, qué sucede en tu cuerpo, qué sensaciones percibes, cómo te sientes... Respira profundamente y absorbe el verdadero halo de vida —concluí.

María recorrió la sala aspirando y espirando intensamente, relajada, estirándose y caminando con la cabeza más alta...

—Me siento mucho más ligera —confesó—, al soltar el peso que llevaba encima. Estoy feliz, abierta a sentir amor por lo que me rodea. Es raro... —sonreía un poco avergonzada.

—Es novedoso —aclaré—, porque has entrado en contacto con el amor, con otra forma de entender la vida. No estás aquí para vengarte de nada ni de nadie.

Visiblemente emocionada, me daba la razón.

Para terminar, escríbele una carta a tu madre para comunicarle tu dimisión de este proyecto, como el que se despide de un trabajo. Exponle sin tapujos todo lo que te ha hecho sentir; todo lo que has vivido; las consecuencias que se han derivado de ello; tu agradecimiento, si es que hay alguno (al menos, por estar viva)..., y al final, y tu renuncia. Hazle saber que a partir de hoy vas a encontrar tu propio proyecto de vida, que incluye el deseo de ser madre y amar profundamente como ninguna mujer lo ha hecho antes en tu historia familiar.

Se le desbordaba el sentimiento de pensar en la carta sin haber empezado siquiera a escribirla.

Unos días después me comentó que le había costado un montón redactarla, porque no podía parar de llorar; sin embargo, en cuanto terminó, sintió que emprendía una nueva vida, que ella era otra y que además la invadía un enorme y profundo amor por todo lo que la rodeaba, especialmente por esa idea maravillosa de concebir un bebé y acunarlo en sus brazos.

Hoy disfruta de la maternidad en todo su esplendor.

Bloqueo:
El proyecto inconsciente de mamá es utilizar a la hija para desatar y expresar el dolor producido por su propia madre y así vengarse de ella. En el fondo hay una necesidad vital de amor de mamá que no está cubierta. Con este programa de venganza instalado, no es posible sentir que se va a amar a un futuro hijo, de manera que el inconsciente impide su concepción, a fin de evitar que le hagan daño.

<u>Origen del conflicto:</u>
Vida cronológica - **Período fetal** - Herencia emocional

Solución:
Liberar toda esa emoción y esa información para desactivar el programa y reafirmar nuevos sentimientos de amor. Creer que se puede amar a los hijos.

19. NIÑOS ROBADOS

Celia me visitó por recomendación de una amiga. Llevaba ocho años intentando ser mamá, se había sometido sin éxito a diferentes tratamientos de fertilidad y la opción que le faltaba por probar era la ovodonación.

Hasta aquí, una historia muy parecida a muchas otras que he conocido, pero en Celia me llamó la atención cómo me hablaba de aquello, porque precisamente era la donación de óvulos lo que para ella constituía un problema. Mostraba una resistencia mucho mayor a la que había visto en otros casos, y repetía con plena convicción que «si no era suyo, no lo quería». Tomé buena nota por la rotundidad de la frase, que a todas luces sonaba excesiva.

—¿Hay en tu familia alguna historia de niños abandonados, robados, adoptados...? —indagué.

Inicialmente, contestó rápidamente que no. Y de inmediato, rectificó:

—Bueno, la hija de una prima de mi madre no puede tener hijos y ha adoptado. Es curioso... Tras sucesivos fracasos después de casi diez años buscando el embarazo, adoptó a la niña; y a los seis meses, se quedó embarazada espontáneamente.

Acababa de revelar un dato importantísimo que dejaba al descubierto un conflicto familiar no exclusivo de Celia, sino que afectaba también a otras mujeres del clan. ¿Por qué la biología se comporta de manera tan aparentemente caprichosa? Porque recibe una información inconsciente emocional muy muy fuerte, como ocurre en este caso y que entenderás a medida que sigas leyendo.

Esa información es la de un miedo fortísimo a que le quiten un hijo, por algún antecedente previo. ¿Cómo lo combatió su prima? Al adoptar a un bebé y darse cuenta de que nadie se lo arrebataba; de ese modo, su inconsciente modificó la grabación, se relajó y su organismo dejó de poner trabas a la fecundación. La biología funciona así, no entiende de razonamientos; más bien de sensaciones. Por tanto, busca soluciones que, aunque no siempre sean las deseadas, lo que pretenden es evitar un sufrimiento; y una vez superado el estrés, suprime la alerta. El libro *Las leyes de la fertilidad* contiene un capítulo dedicado a la ley de la importancia donde expongo con detalle de qué manera se manifiesta este mecanismo de la mente en nuestro comportamiento biológico. El de la prima de Celia es un ejemplo claro. Y estoy casi segura de que si Celia hubiera adoptado un niño, también habría logrado un embarazo natural a continuación. Nunca lo sabremos. Lo que sí pudimos comprobar fue lo que hicimos…

Al principio, mientras le explicaba este tema, Celia me miraba con cara de perplejidad, como si le hablara en chino. Aun así, le pedí que investigara sobre todo esto en su árbol, y que consultara a su madre, a su tía, su abuela… Como parecían no saber nada (lo cual a mí me sonó sospechoso…), opté por rastrear el origen del problema directamente en su inconsciente:

—Vamos a imaginarnos que has dado a luz a un bebé —le propuse—, gracias al óvulo de una donante.

A punto estuvo de caerse de la silla al oír semejante despropósito para ella. Hizo un gesto con las manos, se echó hacia atrás y se negó en redondo:

—No, no, no, no, no, no; que no, que no, que no, que no quiero un hijo de otra mujer, que no, que no te quiero…

—¿Qué sientes cuando dices eso, Celia? —le pregunté.

—Rabia, enfado, rechazo… —contestó—. Es que no, es que no… Yo quiero un hijo mío, no quiero el de otra.

—Vale. Zambúllete en esa historia, en esa emoción, como si ahora mismo realmente estuvieras viviendo eso —continué—. Porque lo cierto es que una parte de ti, inconsciente, lo está viviendo. Pero invéntate a otra persona para que lo haga, y que así tú puedas verla desde fuera.

Creamos el ambiente oportuno y ella se inventó a una hipotética Pepa.

—Aclárame esto, Pepa —intervine yo, dirigiéndome a un asiento vacío—, ¿de quién es ese niño que no quieres coger?

Y a continuación, me volví hacia Celia:

—Tú serás la espectadora de la escena. Observa a Pepa con su hijo en brazos, al que asegura que no quiere porque no es suyo. ¿Cómo está, además de sorprendida?

—Muy muy muy muy muy enfadada —respondió contundente.

—Pues mírala a los ojos y dile que tú ves su enfado, y que la ves a ella y al niño, y que efectivamente no es suyo —le sugerí.

En ese momento, Celia se emocionó mucho y rompió a llorar. Con la voz entrecortada, habló en primera persona, metiéndose en la piel de Pepa:

—No es mío, no es mío…

—Entonces, convoca a la verdadera madre del bebé y permite que se encuentre con Pepa en esa película que se proyecta en tu mente —le indiqué.

Supe que había entrado la madre biológica en acción en el instante en el que se derrumbó por completo. Me recordó a la típica actriz en el papel de una mujer que pierde un hijo y se desmaya de pura angustia. La diferencia es que Celia no fingía.

La embargó un hondo sufrimiento que, aunque no era propio, lo llevaba dentro y necesitaba liberarlo, así que le di unos minutos para que lo hiciese.

—Tranquila —la consolé—. Acepta ese inmenso dolor y permítete expresarlo. Luego, acércate a esa mujer para compartirlo con ella. Tómate un tiempo, no hay prisa. Siéntate a su lado, confiésale que conoces el trauma tan horrible por el que ha pasado y cuéntale tu experiencia: que deseas concebir un hijo, que tu naturaleza te lo impide y que te han ofrecido la posibilidad de implantarte un óvulo fecundado que no es tuyo, un hijo ajeno... Cuéntale que entiendes su profundísima pena porque tú quieres a tu hijo, igual que ella al suyo.

Las lágrimas pusieron un paréntesis a nuestra conversación que se prolongó durante un rato. Mientras, yo la acompañaba con suaves palabras, sincronizándome con su respiración. Cuando se calmó un poco, retomé el ejercicio con un difícil desafío:
—Muéstrale el niño a su madre biológica para que compruebe que se encuentra bien, que está con otra mujer que lo quiere y que lo cuida.

No era capaz. El llanto la asaltaba a cada paso e insistía atormentada:
—Ya, pero es mío, yo lo quiero, es mío, yo lo quiero, quiero estar con él...
—Lo comprendo, pero ahora debes presenciar la película con cierta perspectiva, Celia —le aconsejé—; te has implicado demasiado en ella, hasta el punto de apropiártela. Tú no eres esa mujer; solo te une a ella la información que compartís y una congoja que os bloquea. Y justamente ese dolor representa el mayor obstáculo a tu maternidad; como tus células lo perciben, a fin de sortear el riesgo de que tengas un hijo y te separen de él, evitan el embarazo y listo. Por eso, seguiremos trabajando con estas dos mujeres para soltar todo el lastre con el que has cargado tanto tiempo y para que te des cuenta de que no es tu historia ni tiene por qué serlo. Hoy en día, los niños no se roban ni se donan ni se dejan a otra mujer para ser criados, o al menos no es lo habitual...

Estuvo de acuerdo, y ya más apaciguada empezó a tomar algo de distancia, de forma que avanzamos con el trabajo.

—Hazte a la idea de que ocupas una butaca frente a la pantalla y de que las imágenes que contemplas no pertenecen a tu realidad. Tal vez te veas reflejada y te identifiques con la protagonista, pero no pierdas de vista que se trata de una fantasía.

Me detuve unos segundos antes de dar otro paso, para cerciorarme de que Celia se había centrado. Asentía con la cabeza; por tanto, la animé a que se interesase por el estado de ánimo de la madre biológica del bebé, sus necesidades, sus sentimientos...

—Afirma que ella no puede tenerlo, que lo tiene que dar... —comentó entre sollozos.

—Probablemente habría preferido otra solución; sin embargo, las circunstancias la obligan. ¡Qué duro!, ¿no? —opiné sobre la marcha—. Si quieres ayudarla a alcanzar la paz que le serene el alma, como sabes que lo que a ella le preocupa es el bienestar de su pequeño, recomiéndale que se despida de él y que con amor infinito le transmita que no lo abandona, sino que lo deja en mejores manos... en las de otra mujer, a quien le dará las gracias cuando se lo entregue.

—¡Noooo, no puedo, no puedo, me lo ha quitado y es mío, es mío...! —exclamó como una leona herida.

Error de cálculo. Por algunas pistas que me había ido proporcionando Celia, yo pensaba en el concepto adopción y en una renuncia voluntaria, pero enseguida constaté que no iban por ahí los tiros; realmente, se habían apropiado del recién nacido.

La «madre receptora» escuchaba contrariada y mantenía que el hijo era suyo. El rifirrafe entre las dos duró alrededor de media hora, y de él salieron muchas emociones y algunas conclusiones. La tensión inicial se estabilizó en una calma sostenible, a pesar del desgarro interior de ambas: una, por no poder engendrar a sus propios hijos; y la otra, porque se lo hicieron desaparecer.

Nunca llegamos a descubrir cómo: ¿una compra, un robo, un pacto, un desacuerdo...?; en definitiva, un procedimiento oscuro cuyas consecuencias resultaron funestas hasta el extremo de que el drama de la pérdida arraigó en la biología familiar y traspasó generaciones. Al término de una sesión muy intensa, Celia por fin fue consciente de ello.

—¿Tú qué crees que ha pasado? —recapitulé.

—Para mí que se lo robaron. Eso explicaría la rabia, el odio, la venganza... —reflexionó.

Yo formulé otra hipótesis: quizás la madre biológica lo diese en adopción y una parte de ella actuase desde el instinto maternal de garantizar la supervivencia de la criatura, en tanto que la parte más emocional se resistiese a despegarse de él y viviese el proceso como si le hubiesen arrancado las entrañas. Barajásemos una razón u otra, debíamos resolver el bloqueo para que Celia resetease su inconsciente. Le señalé unas pautas como tarea para cuando se marchase:

—Escríbeles una carta a la madre biológica y a la que se hizo cargo del niño, todo lo breve o extensa que consideres oportuno. Eso sí, procura que se ajuste a una estructura emocional, donde quepan la empatía, la compasión, el desahogo y... tu historia. La tuya, no la de ellas. Acompáñalas en el sentimiento, pero no a costa de sacrificar tu proyecto de vida. Bastante condena significó el miedo preventivo de tantos años; es hora de construir un futuro distinto: el que tú quieres vivir y el que a ellas les hubiese gustado. Sincérate y honra su memoria cumpliendo vuestro sueño.

Por último, realizarás un acto simbólico, pero más adelante; primero, redacta la carta.

Un par de meses más tarde, charlando (simbólicamente) un día con su abuela, Celia se enteró de un secreto familiar guardado bajo llave: la historia de su bisabuela. Nosotras la habíamos sacado a la luz escarbando en la mente inconsciente. Lamentablemente, se me presentó la oportunidad de hacer este mismo trabajo con otras mujeres detrás de las cuales se escondían episodios similares de hijos robados.

Hoy hace más de un año que ha sido mamá de una niña suya… biológicamente hablando. Por si te estás preguntando cómo detecta el inconsciente si el hijo es biológico o no, me adelanto ya con la respuesta: todo se graba, depende de cómo lo vivimos y del sentido que le damos; es esa emoción asociada a una información la que queda registrada, para protegernos.

El inconsciente a veces es tan simple que no lo entendemos…

Bloqueo:
La memoria de un niño robado o donado despierta a nivel inconsciente un miedo a que vuelva a ocurrir, el cual por un lado impide el embarazo, y por otro, el hecho de que sea de otra en la ovodonación, pone a la mujer aún más en contacto con el conflicto origen.

<u>Origen del conflicto:</u>
Vida cronológica - Período fetal - **Herencia emocional**

Solución:
Sacar a la luz esta memoria, vaciar el cúmulo de emociones, desactivar esa herencia emocional y ser conscientes de nuestras posibilidades hoy en día.

20. NO QUIERO QUE MIS HIJOS VIVAN LO QUE YO HE VIVIDO

En los últimos años, me han visitado infinidad de mujeres con problemas de fertilidad, y yo misma los he sufrido. Si algo me ha enseñado esta ya larga trayectoria personal y profesional es que, aunque cada una es un mundo y cada caso único, hay patrones que se repiten; por ejemplo, el de Andrea...

Nada más comenzar nuestra primera sesión, me dijo que llevaba alrededor de siete años intentándolo y que nunca se había quedado embarazada, ni de manera natural ni artificial (se había sometido a dos inseminaciones y a tres fecundaciones *in vitro*).

Me bastó esta breve presentación para que me asaltase una duda:
—¿Qué es eso tan grave que ocurre en tu familia por lo que es imprescindible no tener hijos?

Fijó su mirada en la mía, con incredulidad y asombro, como tantas otras antes que ella a las que interpelé del mismo modo. Me gusta hacerlo así, apelando directamente al inconsciente, porque entonces se produce una reacción inmediata, como resultado del impacto. No tardó en contestar:
—Mis padres tuvieron cinco hijos... y cuatro o cinco abortos; incluso alguno provocado. Yo he sido rechazada desde que nací. Mi abuela ni siquiera quería venir a verme porque se quejaba de

que no me habían puesto el mismo nombre que a ella. Mi hermano mayor falleció a los 26 años, víctima de un accidente. Mi padre ha muerto hace un año de un tumor pulmonar, igual que su único hermano y que mi abuelo paterno. Se había divorciado de mi madre diez años atrás, y después varias relaciones, tuvo una niña con otra mujer, pero como no nos hablábamos, no la conozco. Mi hermano menor ha tenido un hijo, que se murió antes de cumplir un añito, por una crisis asmática…

Esto último no podía ser una casualidad, teniendo en cuenta los antecedentes de cáncer de pulmón; sin embargo, no quise detenerme en el tema, para no desviarnos del problema de Andrea. Su voz sonaba triste, hasta que de repente dio un giro y adquirió tono de enfado al profundizar en su historia familiar:

—La verdad es que mi padre ha sido un golfo y un hombre despreciable. Llegaba a casa muy tarde, a veces borracho; sabíamos que le era infiel a mi madre, a quien además maltrataba. Todos le temíamos, y yo desde pequeña siempre he tenido muchas fobias y sensación de desamparo.

Según parece, mis abuelos maternos se habían opuesto a que mis padres se casasen, porque ya veían que él solo causaría disgustos, pero la boda se celebró igualmente, así que mi abuelo desheredó a su hija y a sus descendientes.

No mantengo una buena relación con mi madre, aunque me ha tocado ocuparme de ella y madurar prematuramente. No me ha quedado más remedio que asumir una responsabilidad que no me correspondía, y he crecido demasiado rápido. Siento que me he perdido la niñez, que estoy cansada de cuidar de todos y de buscarme yo sola la vida sin la ayuda de nadie.

Mi chico no quiere hijos, y fue sincero al respecto desde el principio. No me ocultó que convenció a su anterior pareja para que interrumpiese un embarazo no deseado. No le gustan los niños; si ha accedido a tenerlos conmigo es porque entiende lo mucho que significa para mí.

Vaaayaaaa… Yo únicamente había formulado una primera pregunta de aproximación; no esperaba una réplica tan completa, la verdad. Andrea descargó, como una ametralladora, abundantes detalles y suficiente información sobre diversos conflictos que podrían estar en el origen de su infertilidad, y que enseguida identifiqué.

—He intentado resumir lo que creo más relevante —añadió—. Y dime tú: ¿es posible que todo esto repercuta negativamente en mi capacidad para ser mamá?

Recuerdo que hace años, cuando carecía del rodaje que hoy he superado, me sorprendía que alguien se cuestionase una evidencia tan clara. Tras escuchar a decenas de mujeres, he constatado que ninguna es capaz de ver lo que salta a la vista. Con todo, a pesar de la veteranía, no deja de conmoverme el hecho de que integren unas vivencias tan dramáticas en el marco de la normalidad, y me planteo: ¿cuál es entonces la referencia de vida de una persona cuando ha atravesado por situaciones de semejante calibre? Este párrafo traduce unos segundos de reflexión previos a la respuesta que le di a Andrea…

—Por supuesto que repercute. No es tu mente consciente la que decide sobre tu maternidad, sino tu propia circunstancia vital, que se ha grabado a fuego en tu inconsciente; este actúa en consecuencia y traslada a tu biología la orden de impedirte traer niños al mundo, porque para vivir lo que tú has padecido, mejor que no vengan.

Charlamos durante un buen rato acerca de las secuelas de su pasado y de cómo se manifestaba en su presente a través de diversos síntomas; por ejemplo, el de su incapacidad para concebir. Abordamos asimismo el asunto de los hijos desheredados, privados de derechos, que representan un corte en la saga y a partir de ellos no se reconocen más descendientes. (A este bloqueo le dedico un amplio espacio en el capítulo 13 —«La ley de la fidelidad»— del libro *Las leyes de la fertilidad*).

Sobre todo, me interesaba que tomase conciencia de lo importante que era la idea inconsciente de que sus hijos no podían vivir lo mismo que ella, y de que para evitar el riesgo, su organismo se negaba a procrear.

—La razón te dice que tú vas a tratar a tus hijos como merecen —continué—, que les vas a dar lo que a ti no te faltó, que los vas a querer y a cuidar como no hicieron contigo…, pero tu inconsciente no entiende de razonamientos de ese tipo porque no es esa la realidad que ha vivido. Es como un niño asustado, perdido en medio del bosque, al que han mordido varias veces los lobos y ha estado a punto de morir, que no ha recibido seguridad ni apoyo para defenderse y salir adelante, que se mantiene en un permanente estado de alerta… De nada sirve pretender tranquilizarlo con argumentos que le son ajenos.

Andrea me había proporcionado algunos otros datos y fechas con anterioridad a la cita, y advertí un momento crítico a la edad de 6 años. Fui directamente al grano, para iniciar el trabajo de desbloqueo:
—Deja que te venga una imagen de esa niña que un día fuiste —le propuse—. No importa cuál, ni dónde esté ni con quién… Elige una que para ti sea representativa.

De pronto, rompió a llorar desconsoladamente. En cuanto logró calmarse un poco, retomé el ejercicio:
—Pídele que te hable del sufrimiento constante en el que vive, que tú lo sabes y que quieres escucharla.
La niña de 6 años confesó:
—Estoy agotada, no puedo más, no sé cuándo voy a vivir yo ni cuándo se va a preocupar alguien por mí, aunque es mi madre quien me preocupa…
—¿Te estás oyendo? —intervine—. ¿No es terrible que una criatura tan pequeña se exprese en estos términos? ¿Que aún no ha descubierto el mundo y su meta es bajarse en la próxima parada?

¿Que su preocupación sea su madre?

Se cubrió el rostro con las manos, y entre lágrimas exclamó:
—¡Dios mío! ¡Me da pavor pensar que mis hijos pasen por algo parecido!
—Efectivamente, ese es tu miedo y la causa de tu bloqueo. ¡Venga, manos a la obra! —la animé—. Vamos a trabajar sobre ello. Siéntate al lado de esa niña, mírala a los ojos y dale la oportunidad y la confianza para que ponga en palabras esa carga tan pesada que lleva dentro y por fin la libere. No hay prisa, el inconsciente no marca plazos; dispones de minutos, horas, semanas, meses… Transmítele tu empatía para que suelte ese dolor que ha acumulado y para que sepa que ya no está sola, porque la vas a acompañar mientras crece: en sus juegos, en su aprendizaje, en la función de fin de curso, en la fiesta de su cumple… Ahí, en ese escenario imaginado, es donde podrás rescatarla y ofrecerle un nuevo sentido a su futuro.

Transcurrido un tiempo considerable, conseguimos nuestro objetivo: la niña se desahogó, se serenó, y la Andrea adulta pudo hacerse cargo del tormento de la pequeña, de su agotamiento y de los efectos devastadores para ella; también, de esa estructura de ser la madre de su madre, de sus hermanos y de toda su familia, del exceso de responsabilidad y de otros traumas asociados. El proceso para el cambio estaba en marcha; en este punto, avancé un paso más:

—Ahora explícale a la niña, desde la perspectiva que te han aportado los años, que existen otros modelos familiares, otras posibilidades, otros recursos y herramientas, otro ambiente y otras circunstancias que configurarán un entorno protector donde criar a sus hijos, responsables nada más y nada menos que de crecer felices, al margen de dramas y sinsabores.

Andrea acompañó a esa niña a lo largo de un camino por el que fue abandonando el lastre de su angustia y su cansancio. La llevó de la mano, para guiarla con cariño y firmeza, como le corresponde a un adulto. Le prestó toda su atención mientras daba rienda suelta a sus emociones. Compartió con ella el duelo por una infancia perdida. Y al final del trayecto, liberadas ya de unas alforjas con exceso de carga, vislumbraron juntas un horizonte de esperanza e ilusión para sus hijos.

La niña de 6 años, hoy una mujer, se desarrolló en una atmósfera tan hostil que estaba programada para vivir sepultada en la pena, y asumía como algo natural que cualquier suceso se le presentase adverso; en esa experiencia se había instalado, no por comodidad, sino porque era la única conocida y a ella se había acostumbrado. Debía acometer la siguiente fase: una nueva programación.

Para eso, resultaba imprescindible sobreponerse al victimismo en el que había caído. Castigarse pensando «¿por qué a mí?» no conducía a solución alguna; al contrario, le anularía la fuerza y el poder para alcanzar su propósito de ser madre. Por tanto, le eché el freno a su queja y le recomendé que leyese el libro *Eres fértil. Recupera tu poder creador* o que realizase el curso *online*. Además, le sugerí un último ejercicio: el de redescubrir su pasado y rediseñarlo conforme le habría gustado que fuese. Y empezó:

—Yo era una niña entre tres hermanos, dos chicas y un chico. Teníamos una infancia feliz, mi padre adoraba a mi madre, estaban orgullosos de sus hijos…

Luego escribió su narración, repleta de imágenes bonitas e intensas para grabar en su inconsciente y de esta forma sustituir el relato de terror por un cuento con final feliz: «*la niña se hizo mayor, fue una mamá maravillosa y… colorín colorado, este cuento se ha acabado; hijos míos, la vida es fascinante, os la entrego con agrado*».

Bloqueo:

El inconsciente reproduce lo que conoce, lo que la mujer ha vivido, y cree que eso será lo que vivan también sus hijos, así que para evitarles el sufrimiento, encuentra que la solución es no tenerlos.

Origen del conflicto:
Vida cronológica - Período fetal - Herencia emocional

Solución:

Expresar y sanar el sufrimiento para poder creer que otra vivencia es posible; de ese modo, el lugar que dejamos es agradable de vivir.

21. MIEDO A QUE NO VENGA BIEN... MIEDO A LA DISCAPACIDAD

A Sol le preocupaba enormemente la idea de tener un hijo que viniera con algún tipo de problema físico o mental; se estresaba solo de imaginarlo, y aseguraba que antes de exponerse a semejante riesgo, prefería renunciar a ser madre. Me dijo que «casualmente» a su pareja también le pasaba (y yo pensé que quizá no se hubieran encontrado si no fuera así).

Por cierto, ¿sabes cuál era su trabajo? Cuidar niños con discapacidad psíquica, apoyarles en su proceso de aprendizaje. El inconsciente nunca deja de trabajar ni puede evitar manifestarse, ya sea de forma material, simbólica, biológica o a través de nuestra profesión. De ahí que yo siempre te invite a que des una vuelta por tus miedos y te cuestiones todo lo que ocurre en tu vida, a fin de localizar la causa del bloqueo de tu embarazo. Porque al final se trata de buscar las pistas que va dejando el inconsciente. Desde luego, en el caso de Sol nada parecía casualidad: ni su recelo, ni su necesidad de atención (como veremos, muy característica en este tipo de personas, al igual que el temor a la exclusión, el juicio y la vergüenza).

Del mismo modo que en algunas mujeres con dificultades para concebir se da la «coincidencia» de que profesionalmente se dedican al cuidado o la educación de los niños, en otras su infertilidad está relacionada con historias traumáticas con protagonistas infantiles, por eso te invito a que hagas tu reflexión particular.

Sol ni siquiera se había planteado la posibilidad de que tal vez su temor fuese infundado y pudiera dar a luz a un bebé completamente sano, esta posibilidad para ella parecía inexistente. Ella misma me lo confesó, así que le expliqué:

—Lo que pasa es que tu inconsciente está sumido en el problema, lo lleva impreso con tinta indeleble como consecuencia de algún impacto emocional vivido o heredado posiblemente; y como no contempla ninguna solución ni oportunidad diferente a la de un hijo con diversidad funcional, intenta protegerte para que no suceda. Entonces, resulta fundamental cambiar esa creencia. ¿Cómo lo haremos? Pues ya que no eres capaz de considerar otras opciones, nos centraremos en lo que sí imaginas. Te propongo ver una película que a ti no te gusta nada, pero que será interesante...

—Bueno... Si no me va a gustar nada, nada... —titubeó, asustada.

Tomé nota de su vacilación porque revelaba algo importante. Y a continuación, la reté:

—¿Accedes o no?

—Venga, vale, sí —respondió.

Perfecto. Ya tenía su doble consentimiento, imprescindible para ponernos manos a la obra. Digo «doble», porque además de mostrarse dispuesta su mente racional, también le estaba dando permiso su parte inconsciente protectora. De lo contrario, fracasaría cualquier terapia, porque sería como escribir en un ordenador apagado; sin conexión, nada se graba.

Previamente, Sol me había contado que un hijo de su abuela había nacido con el síndrome de Poland, un trastorno que afecta al tejido conectivo, y que había muerto muy joven. Una historia ciertamente muy dura, que ella había trasladado a su presente y que (re)vivía a través de su actividad cotidiana. No solo le parecía terrible la patología en sí, la que fuese, sino también las dificultades de estos pequeños para desenvolverse en la sociedad, sometidos a miradas indiscretas (o no tanto), juicios, vergüenza...

Me llamaba la atención la naturalidad con que hablaba del tema y el pavor simultáneo. Algo me hacía sospechar que probablemente existía otra razón, desconocida para ella... Por eso, le pregunté si sabía de más niños en su familia con alguna enfermedad similar. Como me contestó que no, empecé de inmediato con el juego:

—¡Venga! ¡Que dé comienzo la película! ¿Será un *thriller,* un drama...? Deja que aparezca la imagen de ese niño diagnosticado de... X, da igual. Dime, ¿qué ves? ¿Es pequeño, mayor...? ¿Dónde está? ¿Con quién? ¿Qué hace?

—Tendrá 18 o 20 años. Lo veo muy asustado, como cabizbajo y temeroso. Está solo—detaló.

—¿Qué sientes tú cuando observas a ese joven? —le pregunté.

—Mucha pena —reconoció, conmovida.

—Bien, tranquila. Permítete sentir esa pena y mira con qué te conecta profundamente —le sugerí.

—Con rabia —aseguró.

—Entiendo... Pues manifiesta tu pena y tu rabia. ¿Cómo lo harías? —indagué.

—Supongo que insultaría, gritaría... ¡Porque es injusto! —exclamó.

Cuando le pedí que me aclarase esa injusticia, comenzó a expresarse en primera persona, como si se metiese en la piel del chico:

—Es que es muy injusto, estoy muy solo y es muy injusto. Yo no tengo la culpa... —se lamentaba.

—¿La culpa de qué? —me interesé.

—De estar así: raro, diferente... Además, no oigo y no puedo hablar.

Esta última intervención nos reveló un dato clave. Dimos por hecho que era sordo, porque no escuchaba sonidos y las demás personas no comprendían su lenguaje. Sentía un aislamiento y una incomunicación absolutamente frustrantes; por tanto, le animé a que les pusiera voz a sus emociones y a sus pensamientos, a través de una máquina-milagro como la de Stephen Hawking.

En ese punto, rompió a llorar, a chillar, a exteriorizar una profunda ira; entró en un estado cercano a la crisis de pánico más absoluta y se comportaba como un animal herido, una sobrerreacción que a mí me condujo a pensar que venía de muy atrás.

Se desahogó asimismo con unas cuantas palabras malsonantes, acompañadas de gestos exagerados, hasta que poco a poco se fue calmando. Apretaba los ojos, los puños y los dientes, y de pronto retomó el llanto, al mismo tiempo que tensaba los labios entreabiertos y resoplaba…

De alguna manera, su cuerpo entero hacía movimientos bruscos para comunicarse sin palabras sonoras.

Después de un rato, bajó el nivel de intensidad hasta que llegó a serenarse y a evidenciar un acusado cansancio. Liberar toda esa información invirtiendo tanta energía la había dejado exhausta.

Aun así, deseaba proseguir con el ejercicio. Di un paso más, y le indiqué que situase en la escena a los padres del chico. En ese momento, le cambió la cara de nuevo; se leía en ella un terror atroz, combinado con el aspaviento de quien ha sido sorprendido in fraganti.
Se había quedado casi en *shock*. Ahí tuve la certeza de que Sol estaba plenamente conectada a lo vivido por ese chico, debido a sus reacciones inmediatas e incontroladas.
—¿Qué te provoca esa angustia? —la abordé mientras, a duras penas, se sobreponía a la conmoción.
—No sé… —tartamudeó—. Es terror, pánico a que me miren; desconfianza, inseguridad…
—¿Por qué? ¿Acaso no te apoyan? ¡Eres su hijo y estás sufriendo! No te calles; compártelo con ellos… —me lancé, apuntando a lo que presentía el centro del conflicto.

Directamente, se desmoronó…

—¡Mi madre es la primera que me rechaza! Es ella la que se avergüenza de mí, la que no me acepta, la que no me quiere… Por ella me siento obligado a esconderme… —se lamentó entre lágrimas.
—No, no te escondas —le increpé—.
Dirígete a tu madre abiertamente y transmítele tu dolor por la falta de comprensión y de cariño, por haberte dado la espalda, por la soledad a que te han condenado los prejuicios ajenos, por el abandono…

Se explayó a gusto, con una intensidad emocional estremecedora. Y una vez aligerada la carga, la insté a que le explicase a esa mujer cómo habían ido heredando en la familia el sufrimiento de su hijo, de generación en generación, de forma que había llegado a bloquear la descendencia; porque ante el dolor, la biología se defiende.
—Sal a su encuentro, fíjate bien en ella y describe su actitud con dos palabras —le propuse.
—Mmmmm… Vergüenza y tristeza —sentenció Sol.
—Vayamos un poco más allá —la animé—. Atraviesa la pantalla, incorpórate a la película e interactúa con ese personaje que has conocido desde la butaca. Estrecha su mano, tócala, establece una conexión que te permita sentir lo mismo que ella cuando está con su hijo.

Sol se adelantó, y actuó sin necesidad de que yo le leyese el guion, porque el inconsciente siempre juega con ventaja. Había tendido su mano, y su llanto sincero me anunció que había contactado con la mujer.
—Empatiza con ella —avancé—, y comprueba cómo reacciona si le dices que puedes sentir su dolor por tener un hijo… simplemente distinto a otros, a lo que se considera *normal.*
En esta ocasión, se metió en el papel de la madre:
—Es durísimo. No soporto mi vida. No quiero a este hijo a mi lado. No lo quiero, no lo quiero —repetía.

Su confesión tan brutal reflejaba las creencias de un pasado no demasiado lejano en que las personas con discapacidad sufrían discriminación o maltrato, incluso por parte de sus padres, que las encerraban y fingían que no existían.

Me di cuenta de que el desgarro más grande que hería a Sol por dentro era el de la propia madre, porque a nivel inconsciente, en su árbol genealógico estaba unida a esta mujer, una hermana de su bisabuela. Sus fechas de nacimiento coincidían, además de algunas otras sincronicidades en sus vidas.

Aunque era innegable que conocía de primera mano el sufrimiento de aquel chico también.

Ella nunca la había conocido, pero sí su inconsciente, que la recordaba cada día; por eso cuidaba de esos niños: para reparar el dolor de aquella madre que rechazaba al suyo y por la necesidad de aquel hijo. Ponía tanto empeño en ello, que en su centro de trabajo la valoraban mucho por su entrega y su dedicación. Y por eso su vientre se negaba a acoger un bebé: para impedir, por orden del inconsciente, que se reprodujese una vivencia cargada de tan indescriptible amargura como la que en su familia se había sentido.

En paz al fin consigo misma tras haber verbalizado toda la emoción contenida en lo más hondo de sus entrañas, se halló en condiciones de asimilar la experiencia y de vislumbrar un abanico de opciones más amplio que la mera repetición.

Su talante se advertía relajado y tímidamente optimista, y en su conducta se atisbaba un cambio esperanzador. Animada, centró la conversación en sus niños, especialísimos para ella, a los que se refería con cariño infinito.

Comentó que son una fuente inagotable de satisfacciones y de Amor con mayúscula, y que si requieren cuidados, afortunadamente en la actualidad contamos con centros de asistencia e integración donde atenderlos.

Relató anécdotas, episodios divertidos, situaciones inolvidables…

Y no se dirigía a mí, sino al joven desahuciado por su sordera y a su madre. Pero me atreví a interrumpir su discurso:

—Sol, pregúntales cómo se sentirían viviendo en estos tiempos.

De repente, su rostro se iluminó y sonrió. La escena demoledora dio paso a otra mucho más amable, donde tres personajes charlaban tranquilamente, en un entorno apacible de aceptación y valoración. Intervine otra vez:

—Desde esa postura de entendimiento mutuo, sincérate con ellos, Sol, y delimita la frontera entre el pasado que representan y tu presente. Su vida no es la tuya, y no tiene por qué condicionarte en ningún sentido; por tanto, va siendo hora de cortar con esa fidelidad al mensaje de tu inconsciente que calaba en ti de forma tan determinante.

Quédate solo con un porcentaje muy pequeñito que contribuya a que te entregues con tanta pasión a tu trabajo, pero no como reparación sino como medio de crecimiento personal. De este modo conseguirás reprogramarte y prepararte para un futuro embarazo.

—Fíjate que hasta me hace ilusión que mi hijo nazca con alguna aletita especial, como la de Nemo... —admitió divertida.

—¡Buena señal! —me alegré—. Significa que has puesto el foco en un deseo (el de ser madre), no en un temor. ¡Bravo! Por este camino, alcanzarás tu meta.

Escríbele una carta al chico y otra a su madre, para comunicarles que lo has emprendido, detállales tus sentimientos, tus proyectos, tus reflexiones...; ábreles tu corazón. Despídete de ellos y agradéceles la oportunidad que te han brindado para tomar conciencia de los obstáculos con los que se enfrentan tus niños y sus padres a diario. Les llegarás al alma como nunca lo había hecho nadie anteriormente, les proporcionarás el bienestar del que se vieron privados y conseguirás reconciliarlos a ambos.

Cierra y laca el sobre. La película ha terminado.

En cuanto a su trabajo personal, se prolongó con unas cuantas sesiones de control. Transcurridos cuatro meses, Sol se quedó embarazada. Quique acaba de cumplir medio añito, y crece sano y feliz.

Bloqueo:

El dolor vivido por la persona con algún tipo de discapacidad, y el sufrimiento, el juicio y la vergüenza al que se ve sometida, al igual que la familia —que en este caso ella conoce de primera mano por esa información emocional heredada— hacen que su inconsciente biológico la proteja de volver a vivir eso.

<u>Origen del conflicto:</u>
Vida cronológica - Período fetal - **Herencia emocional**

Solución:

Conectar con esa información, se conozca conscientemente o no, y liberarla. Así, la comprensión y la compasión se convierten en descanso. Cambiar la creencia de esa vivencia.

22. QUE NO SE PAREZCAN A MI FAMILIA, POR FAVOR

«Hijos sí, pero que no se parezcan a mi familia». Esta es una máxima que he oído muchas veces, la del rechazo absoluto hacia los padres —ambos progenitores o uno de ellos—, los abuelos u otro antepasado, o hacia todas las mujeres del clan, o hacia todos los hombres... Se graba de una forma tan férrea en el inconsciente que este adopta como solución no tener hijos; para que no se parezcan a la familia, lo mejor es impedir que nazcan, ya que por genética es imposible que no hereden ciertos rasgos. Nuestro inconsciente sabe que somos lo que heredamos, somos de dónde venimos, somos las creencias en las que nos han educado, somos los genes que recibimos, así que renegar de la herencia familiar implica asimismo un rechazo inconsciente de nuestra descendencia. Se trata de un conflicto con el que me he encontrado en numerosas ocasiones.

En el caso de Pili, me llamó especialmente la atención, porque necesitamos no una sesión, ni dos, sino tres para poder resolver este problema. En una de nuestras primeras entrevistas, cuando yo ya había detectado lo que ocurría, me confesó:

—Mira, Patricia, lo único que quiero es que se parezca a la familia de mi marido; a la mía no, por favor. Esa es la única esperanza que tengo.

—Te entiendo, Pili —le dije—, pero sabes que es imposible, porque quieras o no, va a haber una parte engendrada por ti, por tu óvulo, ¿verdad?

—Puede que no —contestó.

A Pili la única opción que le habían dado era la ovodonación, y estoy casi segura de que hubiera sido efectiva a la primera porque para su inconsciente significaba una alternativa biológica perfecta; de este modo, el bebé solo se parecería a su marido, y a una mujer anónima.

Pero no resultaba tan sencillo; el asunto se complicaba con otro bloqueo, así que nunca sabremos si habría funcionado la donación de óvulos. Antes, era necesario combatir ese miedo, ese horror fatídico de Pili. ¡Y lo logramos! Hoy es mamá biológica de dos niñas preciosas, de las cuales una es igual que ella, reconoce orgullosa. Veamos cómo llegó a conseguirlo.

Cuando yo la enfrenté a la evidencia de que no podría evitar transmitirle su ADN a un hijo suyo propio, exclamó temerosa y rotunda:

—¡Pues entonces prefiero no tenerlos!

Al escucharse, se asustó de admitir algo así. A mí no me sorprendió.

—Claro, eso es lo que estás haciendo, eso es lo que hace tu cuerpo —empecé a explicarle.

Y se echó a llorar… Insistía en que sí quería hijos, pero que no se pareciesen lo más mínimo a su familia. Lo repetía como un disco rayado… Ahora nos resulta incluso gracioso recordarlo; sin embargo, en aquel momento la cantinela de Pili no sonaba precisamente a música celestial… Había que ponerse manos a la obra e investigar.

—Ese bucle en el que te has metido probablemente es uno de los motivos por los que no hay manera humana de fecundar ninguno de tus óvulos, de ahí que nunca te hayas quedado embarazada y que la única salida que parece haber para ti sea la donación. Yo creo que hay otra, y vamos a encontrarla deshaciendo esa creencia

tan arraigada en ti. ¿Qué es eso tan terrible de tu familia que ni por asomo te gustaría que heredasen tus hijos? —le pregunté.
—Mi padre. Es un borracho alcohólico, irrespetuoso, que no piensa en nadie, que no quiere a nadie, que maltrata y se maltrata, que me avergüenza, que solo dice cosas terribles, que no nos aprecia, que no sabe amar… Me da asco ser su hija, y me aterra traer al mundo a un ser que lleve su sangre.

La rabia y la repugnancia afloraban en su conversación, la entrecortaban, la interrumpían… Cuando acabó de sacar todo ese rencor y esa tristeza, entonces empezó con mamá…
—Ella, ella… Ella es lo peor. Jamás ha sido una madre. No estaba para apoyarme en nada; siempre a su bola… Es una egoísta, se ríe de mí, me ha hecho la vida tan difícil que lo mejor que me podría pasar es no haberla conocido, igual que a mi hermana. No solo se alegraban de mis desgracias, sino que además se burlaban. Las odio, las odio profundamente. Son malas personas, mi madre es mala persona, mi hermana es mala persona….

Empleamos más de dos sesiones en vaciar todo eso, un trabajo que complementamos con otros ejercicios, incluido algún acto simbólico. Al haber vivido su realidad con tanto dolor y tanta intensidad emocional, su inconsciente había grabado y generalizado esa información como si no hubiese otro modelo de existencia, hasta el punto de impedirle apreciar lo bueno que pudiesen tener sus familiares, e incluso hasta el punto de olvidar que tal vez ella misma había elegido esa experiencia de vida… pero no nos vamos a detener ahora a analizar esta cuestión.

Te parecerá raro lo que te estoy contando, y quizás creas imposible liberar todo ese sufrimiento y cambiar esa idea; sin embargo, Pili fue capaz. Sacó de su interior toda la angustia y la ira con las que había convivido desde siempre, y después se encontró en disposición de valorar la parte positiva que podían significar sus vivencias; además, aprendió a descubrirse y a ser consciente de que, a pesar de pertenecer a una familia muy poco (o nada) ejemplar, ella era una persona de enorme capacidad para el cariño y que iba a dar a luz a sus hijos biológicos. Ahí reaccionó y reconoció:

—¡Ah, pues eso sí! Sí me gustaría que se pareciesen a mí.

A lo que yo repliqué:

—Pues llámame loca, pero… si tú eres hija de tus padres y estás a años luz de ser como ellos y te sientes orgullosa de la mujer en que te has convertido… cabe la posibilidad de que tus descendientes hereden tu genética y sean diferentes al resto, ¿no? Esa posibilidad es un recurso para ti, el clic necesario para un cambio de mentalidad, y es lo que vamos a trabajar en nuestras próximas reuniones: lo que hay en ti de maravilloso y que seguramente lo habrá también en el bebé o en los bebés que nazcan de tu vientre. Así que, comienza haciendo una lista de lo mejor de ti, y lo mejor de tu familia; escribe todos los días y léela una y otra vez. De esa forma cambiarás las creencias instaladas por la satisfacción de pensar que tus futuros hijos se parezcan a papá y a mamá, y reflejen lo más bonito de ambos grupos familiares.

Un par de meses más tarde estaba embarazada.

Cuando comenzamos a mantener estos encuentros, Pili llevaba en tratamiento —sin éxito— más de tres años; de repente, los ovocitos empezaron a madurar, a ser de mejor calidad, a fecundar a la primera, a implantarse con una facilidad absolutamente inexplicable y a crecer hasta transformarse en unas mellizas que, según dicen, se parecen una al padre y otra a la madre, y no me cabe duda de que tendrán mucho de cada familia…

Insisto: Pili no es la única que se ha rebelado contra su herencia genética; otras mujeres lo han hecho también. Como el inconsciente sabe que la biología no puede ser tan selectiva y prescindir de la información que transmiten los genes, directamente evita el embarazo, y con él, el conflicto. Los casos que he visto difieren en matices, pero el sentido biológico es el mismo.

Bloqueo:

El inconsciente de una persona con una familia horrible, vergonzosa, dañina, etc., sabe que la genética se hereda de los antepasados y para no reproducir ese modelo, no se reproduce… impide tener hijos.

<u>Origen del conflicto:</u>
Vida cronológica - Período fetal - Herencia emocional

Solución:

Descargar el dolor y enfocarse en lo positivo. Eso desactiva el problema y proporciona una solución mediante los recursos que siempre existen aunque parezca que no los hay.

23. OVARIOS POLIQUÍSTICOS

Elena vino a visitarme porque llevaba intentando tener hijos con su pareja desde hacía cuatro años y no lo conseguía. Aseguraba que era muy difícil porque padece SOP (Síndrome de Ovario Poliquístico) y, según el criterio médico, su infertilidad se debía a esta alteración. Por ello, le propuse investigar sobre por qué su biología había adoptado como *solución biológica inconsciente*, crear varios quistes en los ovarios. Después veríamos si su problema de infertilidad respondía (o no) a esa causa.

—¿Cuándo te diagnosticaron el síndrome de ovarios poliquísticos? —comencé a indagar.
—No sé desde cuándo lo tengo —dudó—, pero me lo dijeron hace tres años. Había ido al médico porque, después de un tiempo buscando un bebé, no lograba quedarme embarazada. Me hicieron una serie de pruebas y fue entonces cuando lo averiguaron.

Era la primera vez que asistía a verme, aconsejada por una afamada psicóloga, que le había hablado de mí. Yo no conocía su historia, y tal vez ella tampoco sabía demasiado acerca de mi método, así que le conté un poquito lo que hacía y le expliqué brevemente cómo funcionan la biología y el inconsciente biológico, porque la respuesta de su cuerpo podría tratarse de una solución a un conflicto vivido, al que no había encontrado solución de otra manera, ni había expresado…

—A ver, seré lo más clara y lo más breve posible —le dije—. Los ovarios se encargan de fabricar los folículos, células germinativas que se convertirán en óvulos, donde comienza la vida de un nuevo ser humano; y a la vez, los ovarios son las gónadas femeninas, responsables de producir estrógenos, las hormonas que estimulan en apetito sexual y nos ponen en un estado de seducción. Por tanto, si en esas glándulas se forman quistes, masa de células adicionales, puede ser que estés viviendo o hayas vivido un conflicto relacionado con una de estas dos necesidades:

1. La de tener un hijo, crear un hijo, ovular más para volver a engendrar un hijo, quizás has perdido un hijo... —Elena asintió con un gesto y dio muestras de evidente emoción; yo continué mi razonamiento—.

2. La de seducir o gustar a tu pareja. Quizás creas que ya no eres seductora, que no le atraes, que le puede gustar otra mujer...

Dejó de mirarme, bajó la cabeza y observé cómo le caían las lágrimas sobre el pantalón. No fue capaz de articular palabra. Permanecimos en completo silencio durante más de un minuto. Cuando se calmó, levantó la vista, la fijó en la mía y entonces le pregunté:

—¿Te suena todo esto?

—Sí —admitió—. Es exactamente lo que me pasa.

En términos generales, ella había identificado su problema, pero yo estaba segura de que la generalidad no sería suficiente. Teníamos que localizar los diferentes instantes en que se había sentido así, aunque su conflicto se hubiera cronificado y se repitiese a menudo, ya que era su forma y su estructura de vivir aquello, de ahí que tuviese varios quistes.

—Háblame de esa pérdida, Elena —le pedí—. Comprendo que te resulta duro; sin embargo, necesitas expresar ese dolor.

Rompió a llorar desconsoladamente y confesó:

—Es injusto, lo teníamos todo, no entiendo por qué se fue... ¿Por qué a mí, por qué, por qué?

—Muy bien, desahógate —la animé—. Pon en palabras esa pena, esa injusticia, esa tristeza y esa rabia; ahora tienes la oportunidad, el derecho, incluso el deber de verbalizarlo. Concédete el permiso, yo estoy aquí acompañándote.

Reiteró durante un buen rato las mismas frases: por qué le había ocurrido eso a ella, por qué no se quiso quedar, qué había hecho mal…
Me contó que años atrás se había quedado embarazada del que era su pareja «de toda la vida» y que había perdido al niño. Al inmenso dolor que significó el aborto, se sumó su impaciencia por concebir otro bebé de inmediato, y de pronto su chico comenzó a rechazarla, los problemas entre ellos aumentaron y la relación se tambaleó; evidentemente, esto afectó también a su sexualidad, y las posibilidades de un embarazo se redujeron. En definitiva, se metieron en un bucle insoportable, cada vez más grande, que terminó con una ruptura.

—¿En qué momento te sentiste culpable por la pérdida y por no poder darle un hijo a tu pareja, por no ser capaz de mantener a ese hombre a tu lado? —continué.
—El día en que encontré un mensaje demasiado cariñoso de una compañera suya —afirmó—. Últimamente llegaba muy tarde a casa, se tenía que quedar en el trabajo, lo veía muy seco, muy distante, a veces un poco agresivo. Nunca tenía ganas de sexo; yo lo achacaba a que estaba muy afectado por una experiencia tan traumática como la que nos había tocado vivir, pero enseguida me di cuenta de que me engañaba.
—¿Y qué pensaste exactamente cuando viste el mensaje? Ponte ahí, coge el móvil imaginariamente y léelo de nuevo; recrea la situación —le sugerí.
De nuevo se echó a llorar; esta vez, con mucha más ira. Y con voz entrecortada, murmuraba:
—Es injusto. ¿Por qué? Yo no he tenido la culpa…
—Claro que no —recalqué—. Eso es lo primero de lo que debes convencerte.

—El mundo se me vino abajo. Tenía la sensación de que todo se había acabado, de que no me quedaba nada —recordaba angustiada.

—Habías perdido a tu bebé, a tu pareja, tu poder de seducción, tu oportunidad de ser madre... Frente a ti, solo el abismo del vacío, ¿verdad? —adiviné.

Me dio la razón con un monosílabo casi inaudible en medio de sus sollozos. Me senté a su lado, la cogí de la mano y esperé a que descargase todo ese cúmulo de emociones hasta entonces enquistadas: la culpa, la injusticia, la impotencia, la rabia, la tristeza, el sufrimiento... En cuanto logró serenarse, le volví a explicar los dos conflictos que le había mencionado al principio:

—¿Lo ves, Elena? Puesto que no has encontrado remedio a otro nivel, los quistes en los ovarios son la respuesta simbólica, metafórica, que te ha dado la biología a tu búsqueda de ese hijo o de esos hijos, y los registros hormonales disparados, la solución para seducir a un hombre. Y esto te sucede todavía hoy, con tu pareja actual...

—Sí, efectivamente —confirmó ella—, porque temo que nunca le voy a poder dar el hijo que tanto deseamos los dos.

—¿Y también crees que si no lo conseguís te dejará, que careces de valor como mujer si no le das un hijo? —añadí.

Tras un tímido gesto afirmativo, se reactivó el llanto. La angustia y la frustración de tantos años la habían bloqueado hasta el extremo de cronificar el síntoma e impedir un nuevo embarazo. Reflexionamos juntas sobre ello, y entendió que la única salida era asignarle otro sentido a su conflicto y partir de cero, como si su pareja fuese la primera y ambos decidiesen tener su primer hijo.

Definido el punto de partida y rebajada la carga emocional, nos pusimos manos a la obra con una terapia que debería haber iniciado después del aborto, porque los ovarios poliquísticos eran la consecuencia/solución de su organismo frente a ese trauma. No quería dejar en el aire una cuestión fundamental, y la formulé sin rodeos:

—¿Te has planteado en alguna ocasión el motivo de que abortases?

Elena reveló que «casualmente» a su abuela le había ocurrido algo similar. Se había quedado embarazada muy joven de un marido al que no la unía el amor, sino la conveniencia; la abandonó meses después de casarse y ella perdió al bebé... según parece, por el disgusto. La madre de Elena era fruto de su segundo matrimonio. Tuvimos que trabajar, por supuesto, con esta memoria, pero esa ya es otra historia...

Bloqueo:
Necesidad reprimida de tener un hijo, por lo que se crean células adicionales en los ovarios como solución biológica metafórica. Necesidad de seducir o gustar a su pareja, porque cree que no le atrae y que se irá con otra mujer.

<u>Origen del conflicto:</u>
Vida cronológica - Período fetal - Herencia emocional

Solución:
Dar rienda suelta a ese cúmulo de emociones nunca expresadas. Crear los recursos para exteriorizar esa necesidad imperiosa de tener un hijo o de sustituir un hijo. Trabajar el valor y la autoestima como mujer y su poder de seducción.

24.- ¿PROBLEMAS SEXUALES?

La que vas a leer a continuación es, como las demás, una historia real, y así la voy a contar para ser fiel a los hechos y a su protagonista. Te adelanto que, en este caso, encontrarás menciones de abusos y otras referencias sexuales que tal vez pueden herir la sensibilidad de algunas personas. Si eres una de ellas, quiero que sepas que no está en mi ánimo caer en el morbo, sino intentar ayudar a quien se vea reflejada en los hechos que aquí se narran.

Le pregunté a Noelia cómo eran sus relaciones sexuales la séptima vez que nos vimos. Respondió que padecía una ectopia cervical, un problema en el cuello del útero que le provocaba dolor, a veces intenso, y que debido a ello sus relaciones sexuales no resultaban precisamente placenteras. Y añadió, como había hecho otras veces: «Pero bueno, bien».

No dejará nunca de sorprenderme cómo las mujeres hemos llegado a normalizar esto. ¿Qué tal tus relaciones sexuales? Sin ganas, a veces me siento obligada, en ocasiones me producen molestias, otras no siento placer…, pero bueno, bien. ¿¿¿Bien???

Sé, por experiencia, que en nuestra vagina y nuestro útero puede haber memorias de relaciones íntimas que tienen que ver con la suciedad, la repugnancia, el daño, hijos no deseados, etc., y empecé a indagar en esa dirección:

—¿Qué es para ti la sexualidad exactamente?

—Algo sucio, algo fuera de lo normal, algo dañino... —contestó tajante—.

He vivido situaciones aterradoras. De pequeña, en mi propia familia me amenazaban con que me iban a violar, y después también me pasó en el colegio.

Me confesó que su padre había abusado de ella y que, por tanto, asociaba sexo con violación.

Asimismo, me contó que sus padres practicaban el acto sexual delante de sus hijos sin ningún tipo de respeto hacia ellos, y que les oía gritar, gemir, decir barbaridades..., así que ya desde niña entendía la sexualidad como algo feo, irrespetuoso, desagradable y aborrecible.

—Si tuviera que hacer una lista de experiencias asquerosas, no acabaría jamás... —continuó—. Mi padre se iba de putas, se desahogaba así, y a mí me daba ganas de vomitar. Yo siento un rechazo muy grande a que me toquen, porque siempre pienso eso: «Tú no me vas a utilizar para descargar». Evito el contacto físico y por supuesto no me permito disfrutar, ya que para mí no es una forma de gozar, sino de sentirme como una prostituta; de manera que me tumbo en actitud pasiva, y me pongo rígida y tensa. No puedo, no puedo... Es que me supera...

—Supongo, Noelia —intervine—, que al contarme esto te estarás dando cuenta de la idea y las creencias que tienes sobre la sexualidad y el placer. Y no hará falta que te recuerde que el acto sexual, en su sentido biológico, significa el inicio de una nueva vida. De modo que si lo que inicia una nueva vida es para ti algo asqueroso, ya tenemos un bloqueo más ante la concepción.

—Sí, pero es lo que he vivido en mi familia —afirmó—.

Mi madre nos decía que mi hermana pequeña se tiraba a mi padre; y otras personas, que habían pillado a mi padre con una de sus hijas, no sé si de forma obligada o voluntaria, pero igualmente repulsivo. Además, en mi árbol genealógico hay numerosos episodios de abusos y violaciones.

—Ya veo… Es normal que tengas una percepción tan distorsionada de la sexualidad, cuando has heredado una información y unas vivencias tan traumáticas. Vamos a hacerle una prueba a tu inconsciente —le propuse—. Cierra los ojos y relájate; aunque tal vez este ejercicio te pueda poner nerviosa, deja que surjan imágenes en tu mente. Sean o no agradables, tú observa la respuesta de tu cuerpo; al fin y al cabo, no es más que información. ¿Preparada?
—Sí —aceptó.

—Imagina la figura de un hombre completamente desnudo, con su miembro viril excitado frente a ti, mirándote. (Sabía que para ella esta imagen se hacía insoportable, pero resultaba imprescindible acceder a su estrés inconsciente para expresarlo).

—¡Uf! No soy capaz, me da como un temblor, me canso mucho, tengo un nudo en la garganta, no estoy a gusto… Tengo miedo, miedo, mucho miedo —repitió angustiada, al borde del pánico.

—Tranquila, esto solo es una prueba de la reacción de tu inconsciente —le expliqué—para que veas que como carece de espacio y de tiempo y no distingue entre lo real y lo imaginario, en cuanto visualiza esa escena, activa todos sus mecanismos de respuesta y de defensa. ¿Cómo lo hace? Sacando la información que hay a nivel profundo, que es normal en cierto modo para ti porque es lo que has vivido: es ese temor y ese rechazo a lo masculino. Exprésalo como lo sientas, debes liberarlo.
Adelante…

No voy a reproducir textualmente lo que sucedió ni lo que llegó a salir de su boca, pues es lo más fuerte que oído y visto hasta ahora, y según indicaba al principio, el propósito de este libro dista mucho del detalle truculento; lo que pretendo es recoger historias reales a fin de que descubras tus propios bloqueos a través de ellas.

—Tengo una «mala noticia», Noelia —le advertí—, y es que necesitamos interpretar la potencia masculina como algo bueno, que puedas acoger y disfrutar; solo así será más viable la fecundación. Por tanto, debemos cambiar la grabación de tu inconsciente. ¡Venga! Manos a la obra...
En primer lugar, termina de descargar todas las emociones que te sugiera esa imagen, por si queda alguna oculta. Después, permite que ese hombre desnudo excitado se vaya acercando a ti, paso a paso, más y más..., y comprueba cómo aumenta progresivamente tu sensación física...

—No puedo, no puedo, no puedo... Me pongo muy nerviosa —aseguraba, conmocionada e incómoda.
—Acepta esos nervios y observa cómo se aproxima poco a poco —insistí—; tanto, que llega a tocarte.
—Es que me he quedado completamente tensa y paralizada, no puedo moverme, ¡me va a hacer daño! —exclamó asustada—. Quiero que se vaya, me da asco, que ni se le ocurra tocarme...
—¡Estupendo, sigue! —la animé—. Expresa libremente todo eso que has pensado tantas veces y nunca has dicho...
—¡No me toques! —gritó—. A mí no me puedes tocar. Si te vas con otra me das asco. El sexo es una mierda, es un mete y saca asqueroso. Soy un objeto, una mierda, una puta..., y me siento utilizada. ¡Qué asco! ¡¡¡Déjame!!! ¡¡Veteeeeeeeeee...!!!!

Durante un buen rato, Noelia profirió una sarta de insultos y maldiciones ensordecedores, como si en cada palabra pudiera volcar lo que sentía en cada una de esas agresiones, de ese sufrimiento, de ese abuso, de esa náusea, de esa vergüenza… Un enorme caudal de emociones largo tiempo contenidas se desbordó e inundó la sala de odio hacia el hombre y hacia el sexo.

Amainó el temporal, llegó la calma, y entre sollozos, como una niña a la que se le va pasando el enfado, se halló en condiciones de enfocar el conflicto con cierta perspectiva.
Mientras nos tomábamos un respiro y dejábamos espacio para que entrase algo nuevo, le seguí hablando de manera hipnótica. Era momento de tranquilizar ese inconsciente en alerta...

—Noelia, el sexo no es eso que has conocido. El sexo sano está fuera de cualquier creencia y es simplemente un acto físico en el que es posible vivir ese contacto carnal como algo seguro y bellísimo, como una unión íntima y sagrada en la que se comparte, se da y se recibe, y en la que además se puede disfrutar muchísimo del placer, que no es un pecado, sino todo lo contrario. Y cuando logras esa unión tan especial con la persona elegida, ese acto se vuelve mágico, incluso psico-bio-mágico, hasta el punto de que el cuerpo puede producir la chispa con la que comienza la vida... ¿Te imaginas una relación así?
—¡Sería increíble…! —admitió emocionada.
—Pues vamos a hacerla creíble… —le sugerí—. Doy por sentado que eres consciente de que hay personas que mantienen este tipo de relación, ¿verdad?

Asintió sin demasiada convicción, y continué:
—Haremos dos cosas:
La primera, identificar una serie de creencias limitantes sobre el sexo y sobre el placer, que te están bloqueando a nivel inconsciente y te impiden crear vida;
La segunda, cambiar esas creencias e instalar unas nuevas, que te ayudarán a conseguir tu objetivo. Para ello, nos guiaremos por la ley de la creación, que descubriste en mi libro *Las leyes de la fertilidad*.

Y además vas a poner en práctica el siguiente ejercicio:
Imagínate con tu pareja, en el ambiente idóneo que necesites. Recrea tú misma el lugar y la ocasión para el acto sexual. Es una película dirigida por ti, en la que solo actúas tú. Te perfumas, te arreglas… Dispones todos los detalles para conseguir la atmósfera perfecta y para que tú seas la diosa perfecta… No los preparas para él, sino para ti.

Ahora, con este ejercicio en el que tú tienes el control, vas a convertir el sexo en amor, en caricias con cariño, en mimos, en complicidad… Olvida por unos instantes todas tus vivencias del pasado, como si volvieras a nacer y nada hubiera ocurrido; siéntete libre, permítete vivir esta experiencia pura. Se han acabado el vicio, la utilización, el abuso, el daño… Tu memoria los ha eliminado, esto es otra vida para ti. Contempla el acto sexual con una mirada renovada; hoy es unión, es confianza, es entrega generosa, es placer mutuo, es libertad, es tacto, y sobre todo, es la fusión de los cuerpos en AMOR con mayúsculas. Verás que tu pareja está ahí para ti, y por primera vez, serás tú la que lleve la iniciativa del acto sexual. Goza plenamente del encuentro, acoge y acepta la potencia y el sexo masculino tan necesarios para la vida…

Tras unos minutos induciendo a este nuevo estado y este nuevo sentido de vivirlo, me interrumpió sorprendida:
—¡Woooow! Puedo verlo, puedo realizarlo. Cuando soy actora en vez de receptora y tomo el mando del sexo, me siento poderosa, no utilizada… Ya nada ni nadie me ata…
—¡Exacto! Pues entonces, a practicar… —sentencié divertida.
—Ja, ja, ja, ja, ja —se rio—. ¡Mi marido va a estar encantado!
—¡Claro! ¡Los dos tan contentos! Traslada el ejercicio al plano real cuanto antes —le aconsejé—. Tu inconsciente ha recibido información muy nueva, y el cambio es más efectivo si hoy mismo comprueba en lo real que tienes una solución diferente.

Cuando llegues a casa, prepara este acto simbólico, esta unión con tu marido en la que tú tomarás el mando y le conducirás por el sexo sagrado con amor. Prepáralo y actúa. Tú pones las normas. Dile cómo te gusta y de qué manera complacerte a ti. Acepta y acoge el sexo masculino, la potencia masculina, y ese placer. Y no pierdas de vista que a través de ese acto amoroso le abrís las puertas a una nueva vida, que es un milagro. En la próxima visita me cuentas el resultado, ¿vale? Me refiero a la conclusión, al cambio, pero mejor te ahorras los detalles...

Nos despedimos entre risas y al día siguiente me llamó entusiasmada. ¡Había tenido su primera relación sexual sin dolor! Quiso compartirlo conmigo enseguida, ¡no salía de su asombro! Un mes más tarde, se enteró de que estaba embarazada.

Con esta historia tan dura de superación, aparte de relatar el éxito de Noelia mi propósito es ofrecer una muestra de la carga que implica nuestra herencia emocional. Lo veo en cientos de casos, incluido el mío propio. La educación, la sociedad y la religión desde hace miles de años nos ha enseñado a vivirlo como algo feo y pecaminoso, y ese es el mensaje que permanece instalado en la memoria colectiva. En generaciones anteriores, ni siquiera importaba el placer de la mujer, ni su libertad, ni la naturalidad... Muchas se han sentido utilizadas, frustradas, engañadas..., han descubierto a sus maridos con otras mujeres y no han contado con más recursos que la impotencia. He trabajado sobre ello con frecuencia.

Yo misma he hecho este trabajo en profundidad y he honrado a mis ancestras por no haber podido vivir lo que hoy yo sí puedo experimentar. De hecho, la relación sexual en la que concebí a mi hijo fue similar a la de Noelia, en el sentido de que conscientemente me permití ser una Diosa actora y receptora; gozar como nunca; tomar el mando; acoger el sexo masculino para disfrutar de él como algo sagrado que entra en mí, que habita en mí y que fecunda en mí... Simplemente me fundí en la unión mágica con mi pareja, sin pensar en días fértiles ni condicionantes de ningún tipo. Nueve meses después, nació mi hijo.

Bloqueo:
Rechazo del acto que da lugar a la concepción, rechazo al placer y al hombre.

Origen del conflicto:
Vida cronológica - Período fetal - **Herencia emocional**

Solución:
Conectar con la diosa de la sexualidad y la fertilidad que hay en cada mujer. Concederse la oportunidad de llevar la iniciativa, de estar en el papel de hacer y de dar en lo físico, y al mismo tiempo recibir lo masculino en la parte más espiritual. Es un acto mágico y sagrado.

25. VIDA O MUERTE

Seguro que más de una vez has oído decir que cierta cuestión es «de vida o muerte». Entrecomillo la expresión porque la utilizamos como tal, como una frase hecha para referirnos a un asunto de máxima importancia. Pero en relación con la fertilidad, adquiere un sentido literal. Inconscientemente, en ocasiones no nos damos cuenta de que estamos más en contacto con la muerte que con la vida, y de que la vida no tiene cabida donde reside la muerte, o de que una parte de nuestro ser conecta con la vida y otra con la muerte... Me explicaré mejor a través del caso de Lola.

De las cinco primeras citas que concertó, cambió cuatro; tres de ellas, por fallecimientos. Cuando por fin nos conocimos, llegó bastante triste y estuvimos hablando de los bebés que no consiguieron salir adelante en su vientre. Había logrado tres embarazos, pero ninguno prosperó. «Siempre se mueren», me dijo. Tomé buena nota de ello, porque eran palabras de su inconsciente biológico, donde nada se produce por azar... Hasta ahí, todo puede parecer normal, pero fue determinante otro suceso que me comentó y que trabajamos ese primer día, y del que no viene al caso hablar ahora.

La segunda sesión casi la anula. Le costó venir, y enseguida entendí por qué.

—Hola, Patricia —saludó distraída—. Perdona; la verdad es que no me encuentro bien. Ha muerto el hijo de los mejores amigos de mis padres; ha sido un palo muy gordo…

Se echó a llorar, por lo que la terapia discurrió por derroteros inesperados. La mosquita se posó detrás de mi oreja… y volví a pensar en el bloqueo que noté la primera vez.

El tercer día que la esperaba, se ausentó porque había fallecido el hermano de una amiga.

Probablemente te sorprenda esta cadena de fatalidades, igual que me extrañó a mí en aquel momento. Algo se me escapaba y tenía que averiguar de qué se trataba, así que le pedí su árbol genealógico para nuestra próxima reunión.

Lo trajo, y aunque faltaban muchos familiares, mientras buscábamos pérdidas traumáticas saltó a la vista un dato significativo: su hermana había abortado, de manera voluntaria, en el quinto mes de gestación, cuando detectaron un grave problema en el feto, mortal para él incluso antes de nacer. Fue un golpe durísimo, y trabajarlo supuso un gran dolor para ella, al mismo tiempo que una enorme liberación. Además, necesitaba abordarlo y afrontarlo, porque se había grabado a fuego en su mente la idea de que los hijos mueren en el útero de la madre.

Aparte de su sobrino, localizamos en el árbol otros ejemplos terribles de abortos y de niños que habían fallecido. Habíamos identificado el origen del bloqueo de Lola; nos tocaba reprogramar su inconsciente, tarea que requería una dedicación pautada y pausada. Sin embargo, lejos de seguir mis consejos, se dejó guiar por las prisas de la edad y se embarcó en un proceso de reproducción asistida algo precipitado. Tras un par de estimulaciones, todo parecía ir bien, habían extraído varios ovocitos y solo quedaba esperar a ver si sobrevivían, para empezar con la fecundación. Entretanto, volvimos a citarnos.

No llevábamos ni diez minutos cuando sonó el teléfono. Yo había accedido excepcionalmente a que lo mantuviese encendido, puesto que la iban a llamar de la clínica y no podía soportar los nervios de la incertidumbre. Contestó y su cara palideció de inmediato.

—Entonces, ¿no ha sobrevivido ninguno? ¿Pero ninguno? —le oí suplicar en tono interrogativo, como aferrándose a la posibilidad de una equivocación.

Tras un aséptico «lo siento» al otro lado de la línea, prorrumpió en un llanto desbordado y con la voz quebrada repetía:
—No puedo más, no puedo más, me quiero morir, no puedo más…

Contemplé la muerte reflejada en su rostro; no era producto de la circunstancia ni de la casualidad, sino de su fuerte contacto con ella. La ayudé a encajar el *shock* causado por la noticia y la acompañé en la fase inicial de un duelo que —le insistí— debía cerrar antes de continuar con más tratamientos de fertilidad. Un duelo por todos los intentos frustrados, incluidos los anteriores. Me dio la razón y se marchó desolada, con ejercicios para practicar en casa. Según le recomendé, decidió descansar una temporada y se fue de viaje con su pareja, la forma idónea de desconectar y de procesar todo lo ocurrido. Poco les duró el relax, pues se vio perturbado por un nuevo luto: la tía de Lola había fallecido…

Retomamos las sesiones alrededor de un mes después; hasta entonces, ella no dejó de trabajar por su cuenta a partir de las indicaciones que yo le había proporcionado y de las que encontró en mi curso *on-line «Recupera tu poder creador»*. Aunque lo hacía un nivel algo más bajo de lo habitual, dados los acontecimientos, ese algo marcaba la diferencia con cualquier otra mujer en una situación similar. Conocía muy bien las leyes, y por eso obtuvo resultados favorables.

Regresó visiblemente animada, de modo que le propuse ponernos manos a la obra desde ya para resolver el conflicto.

—Hay una cosa clara —comencé—, y es que si los embriones no evolucionan, ahí está precisamente la solución de tu biología. Cambiemos la información que transmite tu inconsciente y cambiará la respuesta de tu cuerpo. ¿Preparada?

—¡Por supuesto! —aseguró con entusiasmo.

Quedamos para la semana siguiente. Adivina qué se torció…

Si…, me avisó de que no podía asistir, que lo sentía muchísimo pero que iba camino del tanatorio, al encuentro de su madre, que velaba a una amiga.

Fijamos otra fecha y, conforme le expresaba mis condolencias, me costó reprimir una pregunta que, evidentemente, en ese instante no procedía: ¿era consciente de su historial de cancelaciones y del motivo de todas ellas? Preferí aplazarla y planteársela en persona.

Tan pronto como la dama de la guadaña le concedió una tregua, Lola vino a visitarme. Abrió la puerta, la saludé y abordé el tema sin rodeos:

—Reconocerás que esto es serio…

—Sí, estoy de acuerdo —afirmó—. He trastocado todo con tanto imprevisto y tanta muerte a mi alrededor.

—¡Exacto! Tú misma has pronunciado la palabra clave, la muerte, y no ha surgido por arte de magia. Pongamos en funcionamiento la maquinaria, porque hay que actuar. Comencemos con un dibujo. Representa en él a todos los fallecidos en tu árbol genealógico, y destaca a los niños; luego, añade a otras personas que también hayan perdido la vida, cuyas muertes te hayan tocado de cerca.

Pintó una escena dantesca y sobrecogedora, llena de tumbas y cruces, difícil de transmitir si no se ve, pero intenta hacerte una idea con lo que te voy a contar.

El bloqueo de Lola no me pillaba desprevenida. Había visto muchos dibujos de ese tipo a lo largo de mi experiencia. La diferencia estribaba en la enorme dimensión que había adquirido el suyo. Incluso a ella le impresionó, y recurrió al humor negro para sortear el impacto emocional:

—Me recuerda uno de esos cementerios conmemorativos donde reposan los restos de miles de víctimas de alguna atrocidad, como el holocausto nazi, por ejemplo —comentó.

Dedicamos un buen rato a analizar esa terrible imagen, para que comprendiese hasta qué punto su mente estaba en contacto con la muerte.

—¡Vaya panorama! Voy de entierro en entierro —admitió—. Desde que se murió mi mejor amiga, a los 18 años, no he parado de asistir a funerales. Me supera, no aguanto más.

—Pues te propongo que cojas ese papel y realices un acto simbólico que te sirva para despedirte de tu extensa lista de difuntos. Puede consistir en una carta, un último entierro, una misa… Cuando los hayas sepultado definitivamente, estarás en disposición de conectar con la vida. Eso sucederá dentro de unas horas, unos días, unas semanas… Solo tú lo sabrás, pero nos marcaremos un plazo para que me lo cuentes. ¿Qué tal el 5 de mayo? —le sugerí.

—¡Ay, no! —exclamó—. Coincide con mi cumpleaños.

—¿Tu cumpleaños? ¡Genial! —le repliqué—. ¡Celebra el inicio de la vida en el aniversario de tu nacimiento!

Aceptó y en fecha tan señalada tomó la decisión consciente de terminar con el patrón y el hábito de convivir con la muerte. Compartimos un acto en el que dijo adiós y dejó atrás a todos esos seres conocidos y desconocidos, cercanos, lejanos, queridos…; asimismo, realizamos un pequeño duelo para liberar su tristeza, y emocionada, apostó por la vida.

—Muy bien, Lola —la felicité—. Has elegido el camino que te conducirá a tu meta de ser madre. Para alcanzarla, se te presenta por delante el reto de culminar etapas, y de ti depende la iniciativa de superarlas. Yo te ayudaré, ya lo sabes. En cualquier caso, tu proyecto se materializará fuera de esta sala; por ello, resulta imprescindible que apliques el método que hemos venido practicando. Solo así lograrás sentirte plenamente viva para crear vida. No me cabe duda de que lo harás todo con éxito.

La recomendé una triple tarea de actos simbólicos. Así acabó esta sesión con ella.

¿Te has visto reflejada en la historia de Lola? (Me refiero a ti, lectora). ¿Crees que tus células cargan con información relativa a la muerte? Reflexiona y averigua el origen de ese oscuro componente de tu ADN. ¿Un trauma de la infancia, tal vez? ¿Vivencias de tus antepasados? ¿durante tu periodo de gestación, o durante toda tu vida?

Bloqueo:
Conexión con la muerte debido a vivencias pasadas o presentes más conectadas con eso que con la vida, bien porque nos quedamos bloqueados en ese duelo o en ese shock, o bien porque una parte inconsciente piensa que así sigue en contacto con los que se fueron. Pero acercarnos a la muerte nos aleja de la vida.

<u>Origen del conflicto:</u>
Vida cronológica - Período fetal - **Herencia emocional**

Solución:
Pensar y recabar la información, y a continuación hacer un ejercicio con un dibujo como el de Lola, que permita tomar conciencia del peso que ha tenido la muerte, para romper con esa atadura y conectar con la vida.

26. NO PASA DEL CUARTO MES

Nagore había sufrido dos abortos: uno en la semana doce y otro cuando estaba de algo más de tres meses y medio. Dos de sus primas habían perdido bebés también en esa fase de la gestación. Me llamó la atención la naturalidad con que se refirió a la coincidencia: «No pasamos del cuarto mes», dijo en un tono absolutamente neutro.

—Es como si estuviéramos programadas —continuó—. Nos han dicho que tenemos un problema hereditario, una mutación genética que interrumpe el embarazo alrededor de los tres meses. A casi todas las mujeres de mi familia les ha afectado. Sin ir más lejos, mi hermana también tuvo un aborto a los tres meses y medio, después adoptó un niño y al poco tiempo se quedó embarazada de una niña de manera espontánea, y todo fue bien.

No me resultó extraño el caso de la hermana de Nagore; ocurre con frecuencia como ya te he comentado en otro caso. Igual que a veces se instalan programas que impiden procrear, la propia vida es una terapia que resuelve conflictos sobre la marcha y conduce a otros resultados. Por eso, cuando adoptó a su hijo y su inconsciente pudo comprobar que no se moría, asumió que podía concebir ella misma sin peligro, y se grabó esta nueva información en su mente, que sustituyó a la anterior. Otra de las causas que explican bloqueos de este tipo es el exceso de importancia, que explico con detalle en el capítulo 7 del libro *Las leyes de la fertilidad*.

—En este caso la evidencia salta a la vista, Nagore, y es que tanto en ti como en muchas de las mujeres de tu familia hay un mensaje impreso que, por el motivo que sea, os alerta de que más allá de los tres meses y medio aproximadamente no es posible continuar con el embarazo, bien por el niño, bien para no pasar por un parto, bien para evitar que crezca la tripa… Vamos a investigar a qué se debe la barrera, ¿de acuerdo? —le propuse.

No es necesario que hagas ningún esfuerzo mental, solamente deja que se te muestre, como si fueras al cine y antes de que empiece la película vieras la pantalla en blanco. Aparecen el título y los primeros créditos, y enseguida una historia que se va desarrollando y de la que no conoces el desenlace hasta el final. Esa historia es la de una mujer que de repente se entera de que está embarazada. ¿La puedes ver?

—Sí. No parece muy contenta; más bien, asustada —respondió.

—Está sorprendida y asustada porque una parte de ella ya contactó con el conflicto —aclaré—. Visualiza su día a día, poquito a poco, como en una línea de tiempo, mientras el feto crece en su vientre y ella procura mantener el equilibrio. Así transcurren cinco semanas, y sigue avanzando con pasitos cautelosos…

—Me da un poco de miedo —confesó.

Su inconsciente había detectado el peligro y sabía que estaba acercándose; incluso se había puesto en la piel de esa mujer y se había metido de cabeza en la película; de hecho, actuaba sin necesidad de que yo le proporcionase indicaciones.

—Pues acepta ese miedo y la posibilidad de que se amplifique si lo exige el guion, aunque sea incómodo —le sugerí—. Continúa avanzando. Estás de siete semanas y tres días. Llegas a los dos meses y comienza a notarse la tripita.

Conforme me aproximaba al momento clave, Nagore mostraba síntomas de ansiedad, que intenté controlar:

—Acepta tu temor y tus nervios. Es natural y humano. Permite que se apoderen de ti porque te van a revelar información importante; y no te preocupes, que yo estoy aquí contigo para apoyarte. Pronto se va a cumplir el tercer mes, ese límite crítico que, si se ha superado, garantiza (o al menos eso creemos) que el embrión se encuentra correctamente implantado en el útero, creciendo, y no habrá problemas hasta el nacimiento. Dejas atrás el primer trimestre; has salvado con éxito la etapa más difícil. Ahora afrontas las trece semanas…

—No, no puedo… —reconoció—. Es como si la cuerda se rompiese, como si me fuera a caer al precipicio…
—Vale; entonces, salta. No rechaces esa sensación de precipitarte al vacío, porque seguramente es la que te acerca a la muerte y te paraliza. Simplemente, entrégate y cae en esa realidad, que es una memoria fuertemente arraigada en tu inconsciente. Venga, hazlo, en la película de tu mente todo es posible —la animé—, adelántate unos pasos y comprueba cuál es ese recuerdo que marca el límite. Yo te acompaño. Luego, observa la pantalla del principio y dime si hay alguna imagen en concreto que te venga…
Le sudaban las manos y el pánico invadió todo su cuerpo. Con la mirada perdida, como en estado de *shock,* acertó a decir:
—Tengo la impresión de haber saltado, me mareo, siento vértigo, no sé dónde estoy… Se acabó… Se acabó todo.

Permaneció un rato ausente, visiblemente aterrorizada, y quise averiguar por qué:
—Fíjate en esa imagen que ves en la pantalla. ¿Qué ha ocurrido?
Se tapó la cara con las manos y exclamó:
—Veo una mujer embarazada, cubierta de sangre dentro de un coche. Ha sido un accidente. ¡Está muerta! ¡Ella y el bebé! ¡Dios mío! ¡Es horrible!
—Sí, en efecto, pero esa escena es ficción, no la estás viviendo tú ni ninguno de tus seres queridos. No olvides que se trata de una película —la tranquilicé.

En algunos casos es fundamental reforzar este aspecto, ya que cuando el inconsciente toma las riendas y conecta con el origen del problema uno cree estar viviéndolo, porque lo percibe con una intensidad cercana a lo real. Llegado este punto, yo suelo detenerme a fin de trazar claramente la distancia entre una historia que conocemos a nivel inconsciente y nuestra circunstancia actual. De lo contrario, no sería posible continuar con el trabajo. Una vez delimitados los dos ámbitos, proseguimos.

—¿Has vivido algún episodio similar o te ha tocado de cerca? ¿Quizás pertenece a la triste biografía de algún antepasado? —le pregunté.
No le sonaba, de modo que le pedí que rastrease en su árbol genealógico, porque aunque en su mente consciente no existiese esa referencia, no cabía duda de que en su parte inconsciente, sí.

Me resultó particularmente llamativo que repitiese «está embarazada, está embarazada». Esa insistencia reflejaba que lo más dramático del accidente era precisamente que aquella mujer llevase un bebé en su vientre, de forma que el inconsciente había establecido una conexión inmediata entre embarazo, accidente y muerte. No sabíamos aún quiénes habían sido las víctimas ni los pormenores del trágico suceso; lo que estaba claro es que para Nagore tenía un sentido. Por tanto, le indiqué que se dirigiese al lugar exacto donde se hallaban la mamá y el pequeño para despedirse de ellos. Se emocionó mucho.

—Es muy duro, lo entiendo; sin embargo, debes hacerlo porque estás enganchada a ese evento traumático y solo afrontándolo serás capaz de desvincularte. Tranquila, que yo te acompañaré —la reconforté—. Ve hacia el coche, coge en tus brazos a esa mujer, túmbala en el suelo, acaríciala y dile que lamentas enormemente su sufrimiento. Ubica además en el escenario a otra u otras personas (su pareja, sus padres, amigos…) que gritan «¡está embarazada!, ¡está embarazada!», y asegúrales que comprendes su inmenso dolor. Transmíteles a todos tu compasión sincera, porque es horrible atravesar por una situación como esa. Cuéntales que has heredado el impacto emocional, que lo llevas inscrito desde siempre en tu memoria y que sabes lo que significa perder a un hijo en tu vientre de esa manera. Pero paralelamente, reconoce que no hay razón alguna para que repitas la historia, que un embarazo no es sinónimo de muerte y que ha llegado el momento de desprogramar esa orden que tu inconsciente comunicaba a tu cuerpo para protegerte. Hoy que has tomado conciencia de ello, te liberas y los liberas de esa carga.

Me escuchó conmovida, respiró profundamente y con algunas indicaciones puso fin al bloqueo armándose de un valor admirable.

—¿Qué tal, Nagore? —me interesé, al término de su declaración.
—Bien, como liberada, ligera —afirmó.
—¿Es suficiente, o queda aún algo por resolver? —añadí.

Faltaba un acto simbólico: un entierro para la mujer y su bebé. Con esa tarea se fue para casa. Le planteé varias ideas: que los dibujase en un papel, que les escribiese una carta, que les dedicase una canción…, lo que ella considerase más significativo. Al cabo de un par de días, recibí un correo electrónico suyo que empezaba así: «Patricia: no te lo vas a creer…». Lo leí detenidamente.
Había hablado con su madre y con su tía y le habían revelado la identidad de la joven fallecida. Era una hermana de su abuela. La había arrollado un tren; Nagore había oído antes la historia, pero lo que desconocía es que estuviese embarazada.

La información había salido a la luz tras su trabajo, pero en el inconsciente familiar llevaba instalada muchos años. Es frecuente. En ocasiones nos cuesta localizar el origen de un problema o la causa de una solución biológica; no obstante, aunque no nos demos cuenta, se aloja en una parte de nuestra mente.

Lo pudimos comprobar poquitos meses después cuando Nagore se quedó en estado y… ¡Adivina! Pasó el tercer mes, el cuarto, el quinto, el sexto… el noveno… y nació un bebé precioso que se llama Miguel.

Nos volvimos a ver durante su embarazo para confirmar que verdaderamente su miedo había desaparecido y que completaría las cuarenta semanas. En una de las visitas me comentó que había compartido con sus primas y con otras mujeres de la familia el germen subyacente de la anomalía genética que les habían diagnosticado. Quién sabe… Tal vez alguna más consiga ser mamá…

¿Todavía estás buscando la relación entre el coche y el tren?, no le des más vueltas, porque las imágenes que muestra el inconsciente son de carácter metafórico y no importa de dónde proceden unos hierros ensangrentados sino lo que representan: el accidente que sesgó la vida de una mujer y de su bebé en el cuarto mes de gestación. Lo demás es accesorio.

Bloqueo:
La asociación que ha establecido el inconsciente entre un momento determinado de la gestación y un accidente mortal, que impide otro embarazo a modo de protección.

Origen del conflicto:
Vida cronológica - Período fetal - **Herencia emocional**

Solución:
Descubrir el motivo (recuerda que tu parte inconsciente siempre lo sabe). Expresar las emociones, conocer lo que todas las partes implicadas han vivido y ser consciente de que no es necesario repetirlo.

27. SÍNDROME DEL EMBARAZO BLOQUEADO

Cuando me llamó Rafa (sí, sí; has oído bien: Rafa), me quedé igual de asombrada que tú ahora, ya que tratar con un hombre sobre este tema es casi un milagro. Ojalá ocurra con más frecuencia, y también ellos me visiten para tratar sus preocupaciones, sus bloqueos y sus síntomas de infertilidad, además de sus miedos. Estoy convencida de que contribuiría muy positivamente al resultado común, aunque no resulta imprescindible, ya que es nuestro cuerpo en el que se fecunda, se implanta, crece y se pare; solo nuestra vida como mujeres y nuestro cuerpo sienten eso, y sienten que se pueden poner en peligro de las diferentes maneras que ya has ido viendo a lo largo de estas páginas.

Esta es la pregunta del millón para muchas, y quizá tú también te la estés haciendo: ¿qué pasa si mi marido no quiere hacer nada, porque no le importan lo más mínimo este tipo de cosas? Una cuestión que sobre todo se plantearán aquellas que tienen la sospecha (o la seguridad) de que el problema está en él y en su esperma.

Pues te respondo lo que a todas: solo dos hombres han pasado por mi método, frente a cientos de mujeres.

Uno acudió una vez porque su chica despertó en él cierto interés de tanto contarle lo que estaba trabajando en ella y quiso consultarme el temor que le producía la sola idea de ser padre. Creo que sirvió de mucho…

El otro asistió en dos ocasiones, con notables beneficios. Por entonces, sus análisis reflejaban la escasa cantidad y calidad de sus espermatozoides; es decir, la solución de su inconsciente para no ponerse en contacto con su virilidad. La razón estaba clara: un padre indeseable que se había marchado cuando él tenía dos años y un abuelo —el único hombre de la familia— que le pegaba sin cesar. Hay que decir que, después de las sesiones, por diferentes motivos tuvieron que cambiar de clínica para la reproducción asistida, y en los siguientes análisis sus parámetros habían cambiado drásticamente, ¿casualidad?.

Aunque albergo la esperanza de que en un futuro los hombres se animen a participar en programas como el que ofrezco cuando planeen ser papás e incluso que puedan protagonizar ellos un libro de historias de fertilidad, el presente es distinto y que llame un Rafa se aparta de lo habitual.

—Hola, Patricia —me saludó—. Un compañero de trabajo me ha comentado las dificultades por las que atravesaron su mujer y él y lo felices que están ahora tras logar su sueño de ser padres, gracias a tu método. Por eso recurro a ti. **Necesito que ayudes a mi mujer.**

Su firmeza y generosidad me sorprendieron muy gratamente; sin embargo, me pareció extraño que no hubiese tomado ella la iniciativa. ¿Acaso no quería ayuda? Se lo pregunté a Rafa sin rodeos.

—No, bueno… —vaciló—. Lo que le ocurre es que llevamos ya más de cinco años buscando ser papás. Se ha quedado dos veces embarazada de manera natural, dos por fecundación *in vitro,* y ha sufrido cuatro abortos. En este momento, como te imaginarás, dice que no quiere volver a pasar por otra experiencia así, y se encuentra fatal. Me preocupa que vaya a peor.

—Te entiendo, pero es necesario que te asegures de que está de acuerdo en venir a verme —le advertí—. De lo contrario, no va a funcionar. Te lo digo porque me he encontrado casos similares de la madre, el hijo, la hermana… que con mi apoyo han logrado solucionar algo y pretenden que un familiar obtenga los mismos resultados. No se dan cuenta de que solo es posible hacer algo si la persona que tiene el problema se presta por voluntad propia, no por satisfacer el deseo de otros.

Te aconsejo que hables con ella y si acepta, que se ponga en contacto conmigo. A partir de ahí, intentaré por todos los medios abrir esa puertecita que me permita acceder a otro nivel de comunicación. Si se niega, lo único que podré hacer por ti es ayudarte con tu impotencia y tu dolor.

—Vale, gracias —se despidió decepcionado.

Una semana más tarde, descolgué el teléfono y adivina quién pedía una cita…

—Hola, Patricia. Soy Bárbara, la mujer de Rafa. Sé que te ha explicado un poco nuestra mala racha en relación con el tema de tener hijos, y dice que tal vez tú puedas hacer algo. ¿Me haces un hueco en tu agenda?

La noté muy serena, muy tranquila, muy decidida…, a años luz de esa mujer deprimida y hundida en el drama que me había descrito su marido. Luego comprendí por qué. Tú también lo sabrás conforme avance la historia.

El primer día que se sentó frente a mí comenzó su relato desde una distancia que rayaba en la frialdad más absoluta.
Daba la impresión de que el asunto no iba con ella, sino con una mujer desconocida que, según fuentes cercanas, había perdido hasta cuatro embarazos.

—¿Cómo sucedió todo? —indagué.

—El primero… no recuerdo bien —dudó—, pero a las siete u ocho semanas se paró y me practicaron un legrado. El segundo fue en noviembre de 2013; aborto natural a las cinco semanas, igual que el tercero. Y el último, hace algo más de un año. En la revisión de las ocho semanas comprobaron que no había latido. Me dieron medicación para expulsarlo, y no fue nada fácil. Durante tres semanas padecí unos fortísimos dolores abdominales y un malestar que prefiero no recordar. Pero bueno, no importa, me he recuperado.

En parte, de nuevo me chocó la entereza con la que había resumido unas vivencias tan traumáticas, aunque intuía a qué se debía. Por eso, empecé a transmitirle un mensaje a nivel inconsciente que lograría ayudarle a quitar la coraza: «Bárbara, creo que no estás tan bien. Sé que detrás de esa aparente indiferencia hay un mecanismo de protección que se llama negación, y detrás de esa negación hay mucho dolor. Yo lo veo y lo acojo, lo puedes liberar».

Ella lo recibió, y al instante su corazón se abrió como un capullo; desplegó sus pétalos y dejó a la vista su interior.
Así funciona el inconsciente: si pretendemos penetrar en él a la fuerza, lo romperemos; hay que esperar a que aflore a su ritmo y se muestre en toda su plenitud.

No obstante, seguía aportando detalles sin inmutarse demasiado:

—Después hemos hecho otras dos transferencias, pero ya no han ido adelante.

Yo permanecía callada, escuchando y al mismo tiempo emitiendo mi mensaje mental y mi intención telepática…, pero ahí intervine, y con un tono tan aséptico como el suyo, la enfrenté a la verdad:

—Sí, claro…, no me extraña. Después de esas cuatro terribles vivencias cargadas de dolor, tu biología ha decidido impedir más embarazos y de esa forma evitar más padecimientos. Lo que ha hecho tu cuerpo es, en primer lugar, ponerte trabas para quedarte embarazada, como respuesta a un problema cuyo origen desconoces; y en segundo lugar, tras cuatro abortos, ha generado un nuevo bloqueo, que en realidad para tu inconsciente biológico constituye una solución.

Este segundo bloqueo se ha instalado encima del anterior, de modo que se te ha juntado el original con el provocado por esas pérdidas. En consecuencia, te has metido en un miedo que, paradójicamente, te protege, puesto que impide el riesgo de un quinto aborto. Yo no soy adivina, pero apostaría a que si lo intentas una vez más en este momento, no obtendrías un positivo.

Me atendía en silencio, todavía sin mostrar ni pizca de sentimiento.

—Quizás, es posible... —apuntó condescendiente—, pero no creas que tengo miedo...

Cada vez percibía más claramente el estado de desconexión y negación en el que había entrado para protegerse. Es natural. Perder cuatro bebés implica un fuerte trauma físico, mental y emocional que solo las que lo hemos conocido en mayor o menor grado somos capaces de imaginar.

El sufrimiento es tan grande que si no desconectas de esa emoción, una parte de ti siente que no podrá sobrevivir; por tanto, te encierras en la lógica de tu mente racional, que piensa, razona, analiza, decide, afirma, convence, justifica y aparta las emociones, que son las que duelen.

Pero entonces surge otro conflicto, porque en esa triple estructura cuerpo – mente – emoción, la comunicación entre los tres componentes del SER está cortada, lo cual significa que hay poco posibilidad de acceder a la emoción para expresarla y liberarla. Sin embargo, esa emoción no desaparece; se acantona en el inconsciente, y nuestra biología continúa respondiendo a ella.

La hemos tapado tanto que apenas se asoma, y esto multiplica el problema, ya que cuesta mucho más sacarla a la luz y desactivarla.

Y aún hay un conflicto añadido, y es que, al haber cortado el cable de comunicación, nuestro cuerpo ya no capta ninguno de esos mensajes mentales y emocionales, para no sufrir o para creernos que no vamos a sufrir.

A la vista de todo ello, asumí que no iba a ser tarea fácil penetrar más allá de la mente consciente de Bárbara, así que me relajé y decidí relajarla a ella con palabras amables y los topicazos de siempre, restándole importancia a lo sucedido: qué le vamos a hacer, la vida se tuerce para todos, para qué dramatizar... Le sugerí que nos ciñéramos al tema de tener hijos o no tenerlos, que también se puede vivir felizmente sin ellos, que la maternidad es casi una exigencia social..., y paulatinamente la fui conduciendo al otro lado, ese en el que para ella no había tanta angustia ni tanta pena.
Por fin aflojó la tensión, y precisamente desde esa relajación pudo conectar al cabo de un ratito con su dolor.

Es más fácil atacar al «enemigo» cuando está relajado que a la defensiva. Y entrecomillo al enemigo para que no me malinterpretes; me refiero a la mente inconsciente que se mantiene alerta.

Al principio vi a Bárbara tan bloqueada y tan desconectada que pensé que no encontraríamos nada ese día; afortunadamente, me equivoqué...

—Me gustaría saber un poco más sobre tu historia anterior y qué piensas sobre los hijos... —la tanteé, para comprobar su reacción.

—Pues... en este punto de un ya largo proceso, en el que han sucedido tantas cosas, incluidos los cuatro abortos, reconozco que me siento muy cansada, agotada, preocupada y hasta triste

—admitió por fin—. He perdido el ánimo y la ilusión por todo, me fastidia que me pregunten sobre este tema y sobre todo odio ver a mamás embarazadas o con niños; de hecho, una de mis mejores amigas está esperando un bebé y prefiero no ir a verla, ni siquiera la he llamado para darle la enhorabuena, y esto todavía me hace sentir peor. Físicamente, aparte de las molestias abdominales, supongo que bien; mis reglas son regulares y llevo una vida normal, sin altibajos, con un matrimonio estable y una familia unida. ¡Ah! Y hablando de familia, mi hermana también ha tenido problemas para quedarse embarazada; yo creo que es porque…

Perdí la cuenta de las veces que repitió «creo», «pienso», «supongo»…, verbos que revelaban lo instalada que vivía Bárbara en su mente racional, tan alejada de sus emociones y de su cuerpo.

El suyo era un caso claro y acentuado del síndrome del embarazo bloqueado o doble bloqueo.

Como le costaba ir al origen del problema, en cuanto yo me proponía profundizar, ella desviaba la conversación hacia su relación de pareja, que evidentemente se estaba resintiendo, igual que se tambaleaban otros pilares esenciales en su vida.

Abordó asimismo las creencias y los prejuicios de la sociedad, lo que significa ser madre y si merecía la pena tener un hijo, «porque lo de concebir es muy difícil, Patricia, dar la vida ya no tiene nada de positivo para mí», confesó desolada.

Esto último me llamó la atención y paramos ahí. Me interesaba repetírselo para que escuchase lo que ella misma acababa de afirmar y tomase conciencia de su alcance:

—¿Así que lo de concebir es muy difícil y dar la vida ya no tiene sentido ni nada de positivo para ti?

La desconcerté con la pregunta, y de repente algo cambió en ella, como si hubiese saltado un resorte y hubiera tocado un poquito de su fibra sensible.

—Mujer, no sé… Es que… a ver… dicho así… —masculló.

«Dicho así», efectivamente, con sus palabras, sin interpretación ni modificación alguna.

—Cuesta remontar una racha tan dura, sin duda. Produce un enorme desgarro, deja una honda huella e invita a tirar la toalla. ¿A que sí? Y a veces basta con tomar esa decisión conscientemente: se acabó, se acabó este tormento, se acabó esta amargura, se acabó cualquier posibilidad de volver a soportar algo semejante, ¡se acabó! Prueba a pronunciar esa frase con rotundidad y determinación para sepultar tu dolor, ¡vamos! —la animé—. Repítela en voz alta y mira cómo resuena en tu interior:

—Se acabó. Decido conscientemente que ya no voy a tener hijos y esto me va a evitar el sufrimiento.

Al tomar conciencia de esta decisión que su mente inconsciente ya había adoptado y afirmarla en alto, constató que no podía y se emocionó.

—¡Venga, sí que puedes! Hazlo, Bárbara, y borra de una vez por todas ese mensaje que llevas grabado a fuego —le aconsejé.

Afrontó el reto y, tras verbalizar su bloqueo, se derrumbó. Toda la carga emocional acumulada durante años se desbordó en unos minutos, al cabo de los cuales reaccionó y dijo:

—Pero… ¡es que sí merece la pena tener un hijo en esta vida! Es muy bonito lo que representa tener un hijo. Lo he podido vivir con mis sobrinos y sé que deseo un hijo propio.

—¡Por supuesto! —exclamé—. Esa es la realidad y lo que más te duele: que lo quieres y no lo consigues. Te debates en una contradicción que te ha estado consumiendo: por un lado, tu maternidad deseada; por otro, tu maternidad frustrada, que no es sino la solución de tu inconsciente para prevenirte del estrés que supondría un quinto aborto. Insistes en que no, pero tienes miedo y debemos trabajar en ello, porque el miedo está en el futuro y lo arrastras del pasado. Además, activa todas las alarmas de tu cuerpo e intensifica y amplifica cualquier otra emoción. Le ocurre a todo el mundo; por ejemplo, se vive con mayor intensidad el temor a una enfermedad que la enfermedad en sí misma. Y al ponerte en alerta, ese temor te atenaza y anula tu capacidad para actuar.

Parece una paradoja, pero funciona así.

—Yo me conformaría con saber el motivo —me miró suplicante—. ¿Por qué? ¿Por qué? ¿Por qué?

—Para eso estás aquí, y eso es lo que poco a poco vamos a investigar, a través de tus experiencias, de tu árbol, etc. —la tranquilicé—. Antes de nada, debemos conectar con tus emociones y expresarlas, ya que de ellas se deriva esa información tan fuertemente impresa en tu biología. Desde ese estado de negación y desconexión en que te habías sumido era imposible, pero ahora seguro que lo consigues.

—La verdad es que todavía me quiebro por dentro cuando pienso en esas pérdidas, Patricia. Y sí, probablemente necesite poner en palabras lo que siento para averiguar el origen y buscar una salida. La teoría me la sé; en cuanto a la práctica, ¿cómo hablar de lo que he vivido, si me acorralan el miedo y la tristeza? ¡Por favor, que termine esta maldita pesadilla! Me encantaría ser mamá y sobre todo ser feliz, porque mi vida entera gira en torno a unos terribles recuerdos (los bebés que no llegaron) y a una obsesión (que llegue un bebé), y no aguanto más. Estoy bloqueada, amargada, asustada, extenuada… O salgo de este laberinto o mucho me temo que me hundiré en una profunda depresión.

—Muy bien, Bárbara, sigue —la apoyé con gesto cómplice—. Concédete el derecho a descargar tu alma.

Y la descargó. Se empleó a fondo.
Finalmente abrió esa puerta y brotó el sentimiento a borbotones. Eso nos permitió acceder a los (cuatro) momentos críticos en que le dieron la noticia, en que vio la imagen sin latido, en que oyó «lo siento», en que vio una mancha de sangre al ir al baño, en que sufrió aquel tremendo pinchazo en el abdomen que la traspasó…, y pudo detenerse en cada uno de ellos para revivirlos y sacarlos de su encierro.

La acompañé en el proceso y asistí a una transformación tan ardua como exitosa. Con extraordinario esfuerzo, había movido ficha: tocar la emoción.
El éxito del siguiente paso estaba prácticamente garantizado: apagarla y desactivarla.

—¡Vaya peso me he quitado de encima! ¡Qué alivio! No recordaba una sensación como esta desde hace mucho tiempo… —comentó casi al término de la visita.

—Estupendo, Bárbara —la felicité—. Es un buen comienzo. A continuación, reconcíliate con tu cuerpo, para restablecer su equilibrio (hasta hoy descalabrado) con la mente y la emoción. Te indicaré cómo, a través de tres pasos.

Lo primero será restaurar la armonía cuerpo-mente. Toma, dibújate en este papel, y no te preocupes por la calidad o el acierto del retrato. Cuando esté listo, córtalo separando la cabeza del resto del cuerpo. Suena impactante, ¿no? De eso se trata: de generar ese impacto. Separadas las partes, coloca cada una en un espacio físico, y escribe cartas entre ellas. Esto te permitirá entender por qué de pronto la mente subconsciente tomó el control (para no sufrir) y cómo el cuerpo quedó abandonado, identificarás las distintas necesidades e informaciones de tu mente y de tu cuerpo, y reactivarás la comunicación, que es la base del entendimiento. Sobre esa base, aprenderás a confiar en tu bilogía, porque todo lo que ha hecho y hace es aportar una respuesta perfecta, la solución a un problema.

Lo segundo consiste en buscar estímulos positivos, es decir, rescatar de tu memoria vivencias increíblemente buenas, de alegría, de amor, de esperanza, de seguridad, de certeza… Recupéralas, tráelas al presente y ancla tus cinco sentidos en ellas. Las utilizaremos para cambiar el significado de fracaso que les habías atribuido a tus abortos. Como refuerzo, puedes utilizar el ejercicio de recursos de la ley del estado (que contienen el curso y mi libro *Las leyes de la fertilidad*).

Por último, acometerás un trabajo precioso: ponerte en contacto con los cuatro bebés que vinieron y se marcharon, para conocer sus respectivos mensajes. En ellos está la clave, el porqué. Se fueron, sí, y no en vano. Lo sabrás, y solo entonces recuperarás la paz. Lo haremos juntas.

Por medio de esta práctica secuenciada en tres etapas, resolvimos felizmente el síndrome del embarazo bloqueado en Bárbara.

Transcurridos unos diez días, recibí un correo suyo que revelaba un giro importante en su actitud y su estado de ánimo. Miraba hacia delante con optimismo, sin recelo y con una perspectiva diferente: la de que no tiene por qué volver a suceder. ¡Genial!

Habíamos sentado los cimientos para desactivar el programa grabado y construir un horizonte sin sombras del pasado.

Seguimos trabajando un tiempo, en el que su motivación e implicación crecían progresivamente. Reunió la fortaleza suficiente como para desterrar todos sus fantasmas y no renunciar a su sueño. Tanta, que se sometió a una transferencia de dos embriones congelados, y hoy son dos niños maravillosos.

Bloqueo:
Es el conflicto que se produce por el paso del tiempo y los intentos frustrados de un embarazo y un hijo que no llega debido al desconocimiento del verdadero origen del problema.

Tras una experiencia muy dolorosa, inconscientemente desconectamos de la emoción para evitar el sufrimiento. Al no sentir nada (al menos aparentemente), nos protegemos del dolor pero no resolvemos el conflicto. La protección crea el nuevo problema de no poder liberarlo y bloquea aún más nuestro cuerpo.

Origen del conflicto:
Vida cronológica - Período fetal - Herencia emocional

Solución:
Ser consciente de este segundo problema creado, conectar de nuevo con nuestro cuerpo, expresar esas emociones y volver al principio para buscar ahí el problema original.

28. EL MENSAJE DE LOS BEBÉS PERDIDOS

Este es un trabajo que me encanta hacer con todas las mujeres que hemos perdido bebés voluntaria o involuntariamente, porque existe un denominador común a todas y es el grandísimo dolor de esa pérdida, agravado por el maldito «¿por qué?». El no saber por qué se han ido, por qué no se han quedado y por qué ha pasado, nos bloquea en la angustia y la incomprensión. Es algo que ocasiona o incrementa ese síndrome del embarazo bloqueado que te contaba en la historia anterior.

Precisamente porque experimenté en mí misma esta comprensión, me siento especialmente motivada para acompañar a cada mujer a entender ese porqué. Cuando hay entendimiento, sabemos para qué vinieron y por qué se fueron, la razón, el motivo y sobre todo el mensaje, ya que si no lo captamos, nada cambia en nuestras circunstancias. Cuando sabemos, la mente descansa; y cuando entendemos y aprendemos, integramos y evolucionamos, podemos dar un paso adelante. Cada pérdida tendrá un porqué y un para qué, y puede repetirse o ser diferente, pero siempre hay una motivación inconsciente; si se ha producido una fecundación, ha comenzado una vida, pero si no se ha desarrollado, habrá alguna razón, ¿no crees? El tiempo que ha estado ese embrión o feto en nuestro vientre nos proporciona un testimonio valiosísimo para trabajar y además aporta una gran tranquilidad al permitirnos conocer los motivos, que —recuerda— son inconscientes.

No he visto a ninguna mujer que no se emocione muchísimo haciendo este trabajo, no solo porque los mensajes que descubren suelen ser preciosos, sino porque se muestran muy reveladores, muy congruentes, muy coherentes y con mucho sentido para cada una de las madres. De nuevo he de admitir que para mí, que hice este ejercicio con los cuatro que perdí (el mismo número de abortos que tuvo mi madre; ¡qué casualidad!, ¿verdad?), significó una de las sensaciones más intensas que he experimentado; y a día de hoy, además de haber escuchado ese mensaje tan bonito, me encuentro en paz al saber —igual que todas las demás mujeres a las que ayudo— que su llegada y su partida no fueron en vano, como tampoco nuestro sufrimiento, que eso ocurría para ponernos sobre una pista que ahora hemos sabido interpretar.

Le expliqué esto a Cloe, cuando me dijo que había estado embarazada en cinco ocasiones, y aunque algo perpleja, accedió a realizar el trabajo. ¿Simple curiosidad?

—Cloe: lo primero que vas a hacer es simbolizarlos con un dibujo en un papel —le indiqué—. Y al lado, traza una línea de tiempo que recoja la fecha de su concepción y de su pérdida. Iremos uno a uno para escuchar los respectivos mensajes.

Lo más habitual es proceder por orden cronológico (que es el que aconsejo); sin embargo, depende de cada persona, y con algunas lo he llevado a cabo según surgía o incluso al revés (del último al primero), por una motivación o una necesidad concreta.

Observaba los dibujos que Cloe iba haciendo de los bebés que no llegaron a nacer, y lo cierto es que ya desvelaban muchas cosas…

—Cloe, ¿has terminado el primero? —le pregunté.
—Sí, son dos puntitos —afirmó—. No me digas por qué, pero así los siento.

—Muy bien, pues ponte en contacto con esos dos puntitos, cógelos entre tus manos y déjate inundar por esa sensación de llevarlos dentro de ti… —sugerí—Tú tienes toda la información…
Como en la mayoría de los casos de este tipo, su reacción inicial se limitó a un «no sé», hasta que de repente confesó, bastante afectada:
—No quieren vivir, no quieren vivir. Solo veo peleas, broncas, castigos, gritos, daño… No quieren vivir eso, se quieren ir.
—Vale, date cuenta de que esa es una grabación que hay en ti y que tú les transmites —le advertí—, ya que ellos aún no han adquirido vivencia alguna.
—Sí, es lo único que yo he vivido… —reconoció entre lágrimas.
—Ya… Y como es lo que tú siempre has vivido, crees en el fondo de cada una de tus células que es lo que les va a tocar a ellos; en lo más profundo de tu inconsciente reside esa memoria —reflexioné—. Ni te planteas un destino diferente para tus hijos, porque no eres capaz de imaginártelo.
—Sí, verdaderamente les transmito un panorama desolador… y me siento culpable —admitió.
—¡No, culpable, no! —exclamé—. Es lo que has aprendido. ¿O acaso lo has elegido conscientemente? Imagínate que puedes hablar con esos dos puntitos; dirígete a ellos y diles: «Lo siento, no sabía hacerlo de otra manera: maltrato, abusos, ofensas, humillaciones… Vuestro rechazo a ese dolor es también el mío, y mi mensaje de no querer vivir semejante agonía lo proyecto hacia vosotros. Pero voy a sanarlo para convencerme de que no es lo que yo soy; solamente es lo que yo he vivido y aprendido, yo soy mucho más que eso. Hoy sé que existen otras posibilidades entre las que puedo elegir, y elijo ser yo».

Dedicó unos minutos a integrar y trasladar la información. En cuanto terminó, fui un poco más allá:
—Cuéntame, Cloe: entonces para ti, ¿cuál es el mensaje?
—Que no querían venir por miedo a ser recibidos en un ambiente tan hostil —respondió.

Le propuse profundizar en ese conflicto y esa creencia en una cita posterior; primero debíamos averiguar por qué había sucedido, a fin de comprenderlo y, en consecuencia, cambiarlo para que no se repitiese.

Sus emociones habían ido ganando intensidad a medida que tomaba conciencia de la causa y las repercusiones de su problema, y antes de ocuparnos del segundo mensaje, necesitamos ocuparnos de la culpabilidad y la tristeza que habían caído sobre ella. Superada esta fase, avanzamos a la siguiente.

—Cloe, aclárame el significado de este otro dibujo —le pedí—. ¿Cómo has representado aquí a tu bebé recién fecundado, en tu segundo embarazo?

—Como una cosita abstracta, una forma redondeada azul —contestó con manifiesta ternura.

—Conecta otra vez con ese símbolo que tu mente inconsciente recuerda, porque os unió un vínculo muy fuerte y compartisteis mucho más que una base de datos biológica. Acarícialo, abrázalo, míralo... y hazte permeable a las sensaciones que despierta en ti. Percíbelas y exprésalas —la animé.

—Me siento triste y culpable —insistió.

—¿Qué te dice él acerca de para qué vino y para qué se marchó? —indagué.

—Soy culpable, es culpa mía... Me siento culpable de no poder hacer nada, me siento incapaz y culpable, impotente —se atormentaba—. Es como si ese fuera el mensaje que recibo, y realmente es así como me sentía, sí, porque pensaba que era culpa mía perderlos y que estaba haciendo algo mal.

—¿Y qué cambia en el momento presente, cuando compruebas que te sentías incapaz y culpable? —continué.

—Pues que soy consciente de que me culpaba injustamente —aseguró.

—Perfecto. Eso quiere decir que ha llegado la hora de liberar a esa Cloe y a ese bebé de una culpa tan pesada como infundada

—le anuncié—. ¿De acuerdo? Visualiza a Cloe con su cosita abstracta azul dentro de ella, y desde tu perspectiva actual, ayúdales a ambos a comprender que no son culpables de nada, y a que suelten esa losa heredada. Infúndeles la confianza y la seguridad que otorga el haber contemplado los hechos con cierta distancia y experiencia de vida.

Casi al instante, su gesto se relajó y reflejó un alivio infinito
—¡¡Ufff!! ¡Menudo peso me he quitado de encima! —celebró.

Así pudo despedir a Jorge, el tercer hijo perdido en su segundo embarazo (en el anterior fueron dos).

En su tercer embarazo también venían dos: dos estrellas amarillas, una más grande que la otra. Según las dibujó y conectó con ellas, se desató un temporal de ira muy significativo.
—Estoy furiosa con mi marido, ¡rabiosa! —matizó—. No se entera de nada; necesito que se anticipe, que sepa lo que quiero, pero paralelamente no quiero que me toque, que ni siquiera se acerque... —añadió entre lágrimas.
—¿Y qué más, Cloe? —hurgué en la herida.
—Miedo, miedo, mucho miedo —balbuceó con voz trémula.

Ahí estaba la clave: en el miedo que sentían ella y sus pequeños, pánico hacia un determinado perfil de individuo que su inconsciente asociaba con cualquiera de los hombres con los que había mantenido una relación sentimental. En ese perfil encajaba su anterior pareja, padre de una niña a la que maltrataba; y a ese perfil respondía también su propio padre, de quien ella fue víctima. Su inconsciente había establecido ese patrón: cuando un hombre se convertía en padre, se volvía peligroso, maltrataba a sus hijos; y a raíz de una seria discusión con su marido, había aflorado esta memoria. El mensaje de las estrellitas, se resumía en dos palabras: «Tenemos miedo». El miedo que Cloe les había comunicado inconscientemente; miedo a que cuando su pareja se convirtiera en padre, se volviera un ser despreciable. El miedo que les impulsó a huir.

¿Qué otra reacción cabía esperar sino la huida? Cloe sabía demasiado bien lo que era vivir aterrorizada. Les pidió perdón a sus gemelitos por no haberlos protegido, pero el perdón se lo tenía que pedir a ella misma, y así se lo dije. Al abrirle los ojos de este modo, se sacudieron en ella los fantasmas de su infancia y entró en un estado de abatimiento. No se iba a sobreponer de la noche a la mañana, así que acordamos reservar una sesión para abordar este tema del temor al hombre peligroso, a fin de evitar que ningún hijo se tuviera que ir por este motivo.

Su cuarta esperanza frustrada la había representado con una mancha negra. Cuando contactó con el dibujo, habló su parte más racional:

—No acierto a encontrar la razón de que aquel embarazo no prosperase. Todo parecía normal...

Un silencio confuso interrumpió su discurso, que enseguida reanudó:

—Tengo la impresión de caer en un vacío oscuro, de ser una completa desconocida para mí misma, y eso me produce inseguridad.

—¿Y qué mensaje recibes en esta ocasión del ser que habita en tu vientre? —intervine.

Sin vacilar lo más mínimo, declaró:

—Que es imposible para él crecer en un lugar inseguro y desconocido.

Se le nubló la mirada mientras recordaba:

—No alcanzó ni un mes de gestación. A las tres o cuatro semanas empecé a manchar y se acabó.

—Toma nota, Cloe: «En un lugar inseguro y desconocido es imposible crecer» —apunté—. Resulta que ese sitio se halla dentro de ti; por tanto, en tus manos está transformarlo en un espacio conocido y seguro, de protección, de cariño... Un entorno acogedor donde sí podrá desarrollarse tu bebé.

Una parte importante de la terapia de Cloe se centró en recuperar su autoestima y su amor propio. (Te lo cuento en el libro y el curso *Recupera tu poder creador).* Sus vivencias habían destrozado a una niña que ni se conocía, ni se valoraba, ni se quería…, hasta tal punto que su cuerpo lo evidenciaba.

Al cabo de tres meses, el cambio que se había obrado en ella saltaba a la vista. Cloe sostiene que lo mejor del proceso no fueron sus dos hijas, sino recuperarse a sí misma. No solo le permitió ser madre, sino otra persona nueva, una nueva mujer que se ha convertido en mamá, y re-convertido en Cloe.

El quinto era un feto en un círculo blanco grande. Tomó el papel con una tranquilidad que no había mostrado antes, e incluso a sus labios asomó una sonrisa al traducir el mensaje de este dibujo:
—Es pronto. Tienes que aprender y confiar.
Lo aceptó con alegría, y se puso manos a la obra, aun a sabiendas de que no sería sencillo. Para ella, un hijo constituía una atadura a la pareja, atadura que rechazaba de plano, ya que su marido la había engañado. Debía recobrar la confianza y restablecer la normalidad en el matrimonio, y eso requería un plazo, además de constancia y voluntad. Por supuesto, tras unas cuantas citas juntas, Cloe incansable lo logró.

Si te identificas con ella porque a medio camino se malogró tu embarazo (o embarazos), te recomiendo poner en práctica el ejercicio que recojo en esta historia. Básicamente, se trata de simbolizar al bebé (o a los bebés) en una hoja de papel, mediante una ilustración. Ponle(s) un nombre (el que te surja espontáneamente), como signo de reconocimiento, y después dirígete a cada uno de ellos para sentir y escuchar. Su mensaje contiene la respuesta que buscas.

Hay mujeres que guardan los dibujos; otras los entierran; otras escriben cartas y las queman… No faltan las que realizan, solas o en pareja, algún acto simbólico que les da sentido… Diferentes procedimientos con idéntica finalidad: asimilar la pérdida e instalar un programa distinto en el inconsciente que desbloquee la solución adoptada por la biología hasta el momento.

He escogido el caso de Cloe porque tras cinco abortos se adivina mucho daño, se intuyen muchos mensajes, se avecina un delicado trabajo, se infiere un gran aprendizaje… Sean cinco, uno o tres, lo relevante no es el número, sino entender para tranquilizar, sanar y transformar. Una vez conseguido, quedará la memoria, no el dolor.

Mientras duró el trabajo con Cloe, ambas supimos que ese quinto aborto era el último. Efectivamente, cuatro meses más tarde, le practicaron una fecundación *in vitro* que evolucionó con éxito. Hoy son dos niñas preciosas que le regalaron el siguiente mensaje: «¡Hola, mamá! Estamos aquí contigo para vivir plenamente a tu lado. Gracias por traernos, por amarte y por amarnos».

Sin duda, tal como señalé al principio, este es para mí uno de los trabajos más bonitos y gratificantes. He escuchado tantos mensajes…
«Eres fértil. Ahora sabes que eres fértil».
«Nadie tiene el control sobre ti. Tú tienes el control de tu generación».
«Estoy aquí para darte esperanza».
«Soy la Unión».
«Vine a quitarte la culpa y a ser el último castigo».
«Estás anclada al sufrimiento. Me tengo que ir para que puedas sufrir».
«Me voy para darte la libertad que te falta».
«Es necesario que aprecies la vida que no valoraste».
«Me voy para que te cuides».
«Vengo y me voy para que puedas ver la relación con claridad».

Gracias por permitirme asistir al descubrimiento de tanta información.

Bloqueo:

El sufrimiento acumulado por las pérdidas y el azote constante de preguntarse por qué, incrementa el dolor y hace que las posibilidades cada vez sean menores, para que no se repita.

Origen del conflicto:

Vida cronológica - Período fetal - Herencia emocional

Solución:

Conocer el mensaje para entender, aprender y no repetir.

29. UN PRIMER IMPULSO A LA VIDA LIGADO A LA MUERTE

29.1. El nacimiento: un primer impulso a la vida ligado a la muerte

Este era uno de los problemas de Cristina, que enseguida me contó la primera vez que hablamos. Nos conocimos por casualidad a través de una amiga, y charlando sobre este tema, comentó que su nacimiento había sido bastante traumático, ya que su madre había estado a punto de morir por una fortísima hemorragia en el parto, que no eran capaces de detener. Así era la historia que siempre le habían contado. Había perdido mucha sangre, la ingresaron en cuidados intensivos, le pusieron transfusiones, estaba muy muy débil y en serio peligro; los médicos no descartaban graves consecuencias. Mientras, la niña permanecía en una incubadora, por algunos síntomas que finalmente no revistieron mayor importancia. Pero no pudo reencontrarse con su madre hasta pasados dos días.

Para cualquier persona, un relato como este acerca de cómo llegó al mundo no es más que eso: un episodio que probablemente ha oído cientos de veces. Pero para el inconsciente, la cosa cambia… Quieres saber cómo funciona esa otra grabación paralela, ¿verdad? Lo vas a entender a través del caso de Cristina.

Comenzamos la terapia con un ejercicio exploratorio para ver cómo respondía inconscientemente a esta vivencia, y nos sirvió para liberar el bloqueo emocional que le causaba. Como la respuesta de nuestro cuerpo a este tipo de grabaciones se aparta de la lógica racional, no le quise explicar nada más para evitar sugestiones, y simplemente le propuse un juego:

—Vamos a ponernos frente a una pantalla en la que se proyecta la película del nacimiento de esa niña. ¿Te parece?

—Vale —aceptó.

—Imagina que estás en esa sala donde se produce el parto; no sé si es un hospital, en casa… —continué.

—En el hospital —concretó.

—Perfecto. Pues tómate tu tiempo para observar ese lugar y recrear todo tipo de detalles. Es el acontecimiento más importante del que vas a ser testigo, y hoy vas a asistir en calidad de espectadora, así que fíjate bien en la imagen que se muestra de tu madre, ahí en el paritorio, con su barriga de la que pronto saldrá Cristina. Dime: cuando contemplas esa escena, ¿qué ves?

—La veo tumbada, llorando, con cara de muchísimo dolor y muchísimo sufrimiento —respondió—. No está sola. La acompañan un par de personas que no conozco; tal vez, personal médico.

—Ok. No apartes la vista de esa imagen de tu madre. Cuando cuente hasta tres, va a dar comienzo el parto. No hace falta que tú hagas nada —le indiqué—, solamente deja que empiece a verse a la niña. Ahora hay una gran diferencia, y es que tú vas a estar esperándola para recibirla, ¿de acuerdo?

—De acuerdo. Estoy un poco nerviosa —reconoció.

—Es normal. Se trata de un suceso muy importante, así que acepta esa inquietud —le recomendé.

Yo ya sabía que su inconsciente estaba nervioso por alguna razón añadida que no tardaríamos en descubrir. Para llegar ahí, había que dar unos pasos previos:

—Únete a esos profesionales que ayudan al bebé en el alumbramiento y aguarda a que, poquito a poquito, llegue a este mundo.

Como el inconsciente hace este tipo de cosas a velocidad de vértigo, igual que en los sueños, no tardó demasiado en tener a la pequeña casi en sus brazos. Entonces, seguí con las pautas del juego:

—Asegúrate de que la coges e inmediatamente tú misma la envuelves en una toallita húmeda y cálida, para limpiarla y asistirla, como si nada más pasase e importase ahora.

El problema de nuestra parte inconsciente es que se ha quedado anclada en un momento de gran intensidad emocional, y ese fue el de Cristina: justo cuando médicos y enfermeras empezaron a correr, a generar aún más pánico. Su madre se angustió muchísimo porque veía que algo no iba bien, poco a poco fue perdiendo más y más sangre, hasta que se desmayó. En la historia real y en la película que se proyectaba en su imaginación, alguien se llevó rápidamente a la bebé, que Cristina aseguraba ver muy asustada; en ella estaba impresa ya esa sensación de nerviosismo, de miedo, de separación de su madre y de muerte potencial, porque el ser humano, cuando a nivel inconsciente procesa un peligro de muerte suficientemente intenso, no distingue la emoción del hecho real, o si este ocurre o no. Por eso, aunque se separó de su madre por un espacio de tiempo muy corto (en comparación con una vida, menos de dos días no es nada), su inconsciente (que es atemporal) se quedó paralizado en aquellas cuarenta y ocho horas, que vivió como una pérdida.

Le pregunté qué sentía y confesó que un profundo vértigo ante la posibilidad de haberla perdido. Pensaba que se había ido, que nunca jamás se volvería a encontrar con ella, que se había quedado sola...
Y así su primer aliento de vida nacía unido a la idea de muerte, algo que se había quedado grabado para siempre.

—Cristina —intervine—, coge a esa niña, acaríciala, olvídate de si tiene problemas o no. Para ti todo está bien en ella, tú conoces su futuro y puedes darle la seguridad. Mírala con cariño a esos ojitos que aún le cuesta abrir; es tan chiquitina y tan frágil… Y susúrrale con dulzura que aunque ahora está atravesando por una situación muy difícil que no entiende, tú le puedes garantizar que su mamá se encuentra bien a pesar del susto y que está deseando abrazarla. Explícale que tú eres ella, y que le hablas desde el futuro, por eso sabes que no hay nada que temer.

Ahí rompió a llorar y necesitó un rato para recuperar la calma. La acompañé mientras descargaba toda esa emoción, y en cuanto se fue serenando quise saber el motivo de su reacción.

—Es que pensé que no viviría, pensé que estaba muerta —dijo, visiblemente afectada.

—Pues resulta que no; está viva —le advertí.

De ese modo se gesta el conflicto: el inconsciente cree algo y se queda ahí debido al *shock* emocional, sin reparar en que los acontecimientos han tomado un curso distinto.

—A continuación, le vas a decir a la niña una cosa más, casi la más importante, de la que aún no se ha dado cuenta… —Me detuve unos segundos y proseguí—. Le vas a decir: «Pequeña, tú no tienes la culpa, tú simplemente has llegado a la vida y no te corresponde a ti asumir la responsabilidad de esa complicación en el parto. Además, a tu mamá la han atendido de maravilla y se ha recuperado sin más sobresaltos».

De nuevo se echó a llorar desconsoladamente y entre sollozos declaró:

—No puedo.

—¿Por qué? —me sorprendí (o no tanto…).

—Porque sí me siento culpable, sí creo que es mi culpa…

Sus palabras revelaban un segundo problema… Intenté convencerla de lo contrario mediante argumentos que probaban su inocencia, pero resultaron infructuosos; por tanto, cambié de táctica y le di la vuelta:

—Bueno, entonces acúsala, repróchale que es culpable de la hemorragia de su mamá, de que casi se muere…

Esta técnica funciona muy bien para poner en terapia de choque al inconsciente. En el caso de Cristina, no era capaz de decir «no soy culpable», pero al ponerla en la tesitura de aceptar que sí, tampoco podía hacerlo. Al tener que elegir entre las dos opciones, ya que no son compatibles, fue cuando comprendió que aceptar su culpabilidad era absurdo, y finalmente soltó y se perdonó. Esto la relajó muchísimo. Comprobó que efectivamente todo se había resuelto correctamente y que ella, esa niña, no había tenido nada que ver en el desafortunado contratiempo a raíz del parto. Así empezó a instalar esa nueva grabación tan importante alrededor de su nacimiento, que vino a sustituir la anterior, de muerte y culpa.

Revivimos la escena otra vez para confirmar que ya nada tenía el sentido inicial para ella. El hecho de sentir esa gran culpa a nivel consciente asociada al nacimiento y a la posible muerte de su madre implicaba una carga emocional para ella que inconscientemente la hacía merecedora de un castigo: el de su propia infertilidad, el de no tener hijos por haber causado la muerte de mamá en el parto. Aunque luego la evidencia demostrase que no había ocurrido, el inconsciente no atiende a razones posteriores, sino a emociones grabadas; solo guarda información que se ha creído y que puede ser útil para la supervivencia futura.

Tres meses después estaba embarazada; en su caso únicamente tuvimos que trabajar un poco más sobre el miedo a las complicaciones en el embarazo y en el parto.

El bloqueo de Cristina, relacionado con una (posible) muerte en el parto, no es excepcional. Me consultan a menudo sobre ello. Atendí por ejemplo a una mujer cuyo bloqueo radicaba en la muerte de su madre al dar a luz a su hermano pequeño. Y también he visto mujeres con dificultades para concebir por haber sufrido varios abortos en los que ha corrido peligro su vida, o a veces es incluso la de otra persona.

Yo también tuve que hacer este trabajo, porque fue mi propio caso. Te cuento...

29.2. El embarazo y el aborto: un primer impulso a la vida ligado a la muerte *(Patricia)*

Lo había contado tantas veces en mi vida, casi en plan heroína, que cada una de mis células conocía a la perfección la versión que me había creído, pero mi inconsciente —siempre tan protector— había grabado algo completamente diferente para mí.

El haber vivido cuatro abortos de mi madre después de mi nacimiento y verla sufrir emocional y físicamente había sido algo bastante duro, pero no llegué a calibrar su verdadero alcance hasta que lo consulté en una terapia en la que yo era la paciente. Después tomé conciencia de la banalidad con la que había mirado en el presente estas vivencias pasadas, al igual que mis padres (ellos se referían al tema por encima o directamente lo obviaban, negando y relativizando de alguna manera los hechos); hoy sé que para nosotros era un mecanismo de defensa frente al dolor.

Antes de esta tarea, mientras vivía mi proceso y aplicaba las leyes de la fertilidad, yo misma me cuestioné: «¿Qué es lo que he vivido con mis padres en relación con este asunto?». Los embarazos de mi madre, sin ir más lejos. Al volver la vista atrás, constaté que no guardaba recuerdo alguno de alegría, porque cada vez que se quedaba embarazada, antes de que pudiera celebrar que iba a tener un hermano, ya estaba ella ingresada. Mi memoria me traía tan solo imágenes de la habitación de un hospital donde se recuperaba de un legrado, de una operación, de algo terrible que a mí, entonces una niña, me provocaba un miedo atroz a que se hubiera ido para siempre (en más de una ocasión, realmente creí que se moría).

Asimismo, recuerdo cuando me dejaban una semana con otras personas porque ellos iban a hacerse un tratamiento de los que había en aquellos tiempos, que no era una reproducción asistida: una especie de rituales, como mantener relaciones en determinada fase lunar, incluso intervenciones quirúrgicas para mejorar aparentes problemas en su aparato reproductor. Probaban de todo constantemente, pero nunca con éxito. Cada intento acababa con una mala noticia, un ingreso de mamá y mucho miedo de nuevo. Ese era el mensaje que se había grabado en mi inconsciente, y cuando lo reviví fue tan intenso… De pronto caí en la cuenta de que jamás lo había compartido con nadie, ni lo había expresado. Me parecía algo que le había pasado a ella, no a mí.

De todos esos lamentables incidentes, hubo uno especialmente dramático. Yo tenía unos ocho años, estábamos mi madre y yo en casa, era de noche; mi padre se retrasaba porque había ido a un pueblo cercano por motivos de trabajo y se había quedado a cenar allí. Todavía no nos habíamos acostado cuando mamá dijo que se encontraba mal. No era una situación novedosa para mí, por lo que no me extrañó; me limité a sentarme a su lado en el sofá, y me sobrevino una sensación especial (será ese vínculo entre madres e hijos que alerta de que algo pasa sin ni siquiera hablar) … De repente, mientras la acariciaba, sentí su mano completamente rígida y su rostro lívido. Le grité, y no me respondía: «¡¡¡Mamá, mamá, mamá!!!». Insistí, desesperada, pero lejos de reaccionar, se volvía más inerte y más blanca.

Me quedé paralizada en la sesión con mi terapeuta al evocar la escena, tan paralizada como aquella niña junto a su madre… ¿muerta?
Nunca hasta entonces había sido consciente del *shock* que me habían producido aquel suceso y aquel instante. Aunque una parte de mí no se había movido de ahí, otra salió volando escaleras abajo, recorrió cuatro pisos, llamó a todas las puertas y a todas las vecinas (a las que conocía y a las que no), y al oírme vociferar «socorro, socorro, socorro, mi madre está muerta» acudió medio vecindario a ayudarme. Mientras tanto, cogí el teléfono y marqué el número de un bar donde pude localizar a con mi padre. Presa del nerviosismo, le comuniqué que mamá estaba muerta y…

nada más, porque una vecina tomó el auricular, habló con él, y a la media hora aproximadamente ya había regresado. Antes que él se presentó el médico, que logró reanimar a mi madre, aunque su color y su estado eran terribles. Conservo esa imagen en la retina como si la estuviera viendo en este preciso instante.

Para el doctor, lo sucedido no pasaba de un simple desmayo. Le aconsejó que guardara reposo y estuvo un par de días metida en la cama. Yo no me apartaba de su lado, por temor a perderla si me ausentaba. Desde luego, su semblante hacía presagiar lo peor. Se volvió a desvanecer y salimos a toda prisa hacia el centro hospitalario más cercano, a una hora en coche. Permaneció en la UVI durante diecisiete días, como consecuencia de una infección provocada por el último legrado que le habían practicado. Se me hicieron interminables. El horizonte de la pérdida me sumió en la más absoluta desolación.

En ese estado, el modo de proceder era el mismo que con Cristina: me acerqué a esa niña de ocho años y procuré tranquilizarla, «porque yo que conozco el futuro sé que tu mamá va a superar este trance y va a vivir muuuuuchos años». Las lágrimas le brotaron a borbotones a esa niña que era yo, pero de emoción y de paz al poder liberar toda esa tensión que había acumulado como una bomba a presión. Dediqué unos veinte minutos a razonar con ella y explicarle que, a pesar de que las complicaciones en los embarazos o en los abortos, su mamá se encontraba bien. Me costó mucho ganarme su confianza, porque la única experiencia que había vivido al respecto era la de su madre, que se quedaba embarazada, abortaba y su salud se resentía, y eso estaba grabado a fuego para ella. Tras sucesivos fracasos, no tuvo más hijos, así que a la niña nunca se le presentó la oportunidad de conocer el normal desarrollo de una gestación y un parto plenamente satisfactorio.

Por ello, la idea de quedarme embarazada y dar a luz a mí me despertaba un miedo completamente ilógico e irracional desde siempre; en la mente se me representaba la imagen terrorífica de la muerte y presentía que si llegaba a engendrar un hijo, casi con seguridad perdería la vida, pues era la única referencia que tenía, pero no me había dado cuenta de las asociaciones que había ido haciendo en mi vida. Yo también había unido el concepto de embarazo con el aborto y la muerte.

Este ejercicio fue uno de los más liberadores que hice trabajando mis problemas de fertilidad.

Bloqueo:
Un aborto, un impacto ocurrido durante el embarazo o el parto, que el inconsciente asocia a la muerte, real o no. En casos como el de Cristina, se suma un sentimiento irracional de culpa, que de alguna forma se cree merecedora de un castigo: el de su propia infertilidad.

Origen del conflicto:
Vida cronológica - **Período fetal** - Herencia emocional

Solución:
Separar la vivencia imaginaria en la que se ha quedado paralizada de la que es real. Utilizar el recurso del conocimiento del futuro que sabes hoy, para dar vida a esa niña y a la madre. Trabajar la culpa y el perdón.

30. CARTAS AL ÚTERO

Montse había pasado ya por cuatro abortos: dos tras sendos embarazos naturales, y otros dos después de dos reproducciones asistidas, una inseminación y una fecundación *in vitro.*

El problema que trabajé con ella me lo encuentro bastante a menudo. Yo lo llamo *memorias del útero,* y lo explico con detalle en mi libro *Eres fértil* (de la trilogía de Las Leyes de la Fertilidad), porque reviste una gran importancia. A Montse se lo resumí en estos términos:

—*Matriz...* Fíjate qué nombre más bonito. Viene de *mater* ('madre'), porque es ese lugar sagrado, ese refugio en nuestro interior que acoge a nuestros hijos, que los implanta en nosotras, que les permite anidar y echar raíces, que los protege, que los acuna, que les ayuda a crecer..., y hay numerosas afecciones o problemas (en el plano amoroso o sexual, de la vida en pareja, de la unidad familiar, traiciones, engaños, abusos, violencia...) que afectan a la salud emocional de esta parte tan especial de nuestro cuerpo, que responde somatizando y aportando soluciones inconscientes que se expresan metafóricamente. Al igual que otras partes de nuestro organismo, la matriz (o útero) tiene su propio inconsciente biológico, que es muy sensible y alberga distintas emociones: se enfada, se cierra, llora, se alegra...

Una vez leí, no recuerdo dónde, una metáfora que me pareció preciosa: «corazón uterino» lo llamaban, un corazón dentro de nuestro sistema reproductor, que a veces está roto o desolado por las situaciones que ha vivido.

He detectado diferentes síntomas en él, a través de mujeres que sufrieron humillaciones; maltrato sexual; relaciones abusivas, no consentidas o resignadas…, en definitiva, situaciones que provocan sensación de fracaso, frustración y decepción.

La reacción del útero frente a amenazas como las que he nombrado suele ser de carácter biológico e irremediable; por ejemplo, tumores, miomas, hemorragias y otras patologías, que si supiéramos escuchar, nos proporcionarían una importantísima información inconsciente sobre la que trabajar y obtener maravillosos resultados.

Y según te decía al principio, ¡es el hogar de tu futuro bebé! Cuando veo tantos abortos, sé que algo no anda bien en ese hogar donde tiene que implantarse y crecer. Lo pude comprobar en mí misma…

También fue muy hermoso lo que me dijo una vez la mujer de un famoso doctor. Me emocioné tanto cuando la escuché que me hizo llorar.

Yo había llamado por teléfono para reservar plaza en el curso que ofrecían de anestesia psicológica para el parto, charlamos un poco y al hilo de la conversación ella comentó que a veces perdemos demasiado tiempo preparando la cuna, la habitación del bebé, la ropita, el canastillo, el cuco… y se nos olvida que está dentro de nosotras. Y añadió: «Prepara y cuida esa cuna interior, porque debe ser el mejor lugar del mundo para tu bebé estos nueve meses».

¡Qué razón tenía…!

Reflexioné mucho sobre sus palabras y llegué a la conclusión de que la camita uterina hay que empezar a prepararla incluso antes de la fecundación.

Mientras le contaba todo esto, Montse asentía atenta, como si estuviera escuchando un cuento. Al principio sonreía y después agachaba la mirada y se la notaba conmovida. No conocía nada de ella, salvo un breve cuestionario que me había respondido antes de venir a verme por primera vez; pero yo le hablaba a su útero, y él ya había comenzado a expresarse. Lo supe por cómo me atendía ella.

—Como veo que ese órgano mágico me presta atención, le voy a seguir hablando a él. Tú solamente déjate sentir, deja que surja cualquier pensamiento, imagen, emoción… y permite que aflore al exterior —le indiqué.

Estas grabaciones de nuestro útero, en ocasiones tan traumáticas, no solamente proceden de experiencias propias, sino que heredan las vivencias de nuestras antepasadas más o menos próximas (madre, abuela, bisabuela, tatarabuela…), porque hay información que se transmite intacta de mujer a mujer, de útero a útero, así que cada hija es heredera íntegramente a nivel celular de todas las madres anteriores.

En la etapa fetal recibimos impresiones y emociones de nuestra madre. Todos los óvulos de una mujer, que en un futuro podrán engendrar un hijo, se desarrollan ya en este período dentro del vientre materno, y así sucesivamente de generación en generación, lo cual significa que uno de esos óvulos que soy yo conoce todo sobre mi abuela, porque se desarrolló dentro de ella cuando mi madre era un bebé en su interior. En consecuencia, si ellas han vivido conflictos como los que te mencioné, tú recibes esa información y la guardas en tu útero.

Quizás te resulte una visión determinista y sobrecogedora, pero tranquila: lo importante es conocer esta información a nivel inconsciente para poder sanarla. Nos guste o no, somos depositarias de unas creencias acerca de nuestra feminidad y sexualidad con las que hemos cargado durante siglos, en forma de desvalorización, suciedad, frustración, engaño, etc. De ahí que en muchos casos nos cueste preparar o, mejor dicho, reparar esa cuna interior, esa casita tan dañada, la que albergará a nuestros hijos en sus primeros meses de vida prenatal.

Por eso creo muy importante que cada mujer pueda sanar este profundo dolor que de una manera u otra seguro que arrastra, porque no he conocido a ninguna libre de carga en su línea ancestral femenina. Y precisamente a día de hoy, que presumimos de evolucionadas y de haber superado traumas de un pasado remoto, encontramos más dificultades que nunca para concebir y ser madres. Yo estoy convencida de que una de las razones es esta herencia, he estudiado el tema y lo he incluido en la parte formativa dentro del programa de fertilidad dedicado a recuperar el poder creador como mujer, porque solo es posible crear vida aceptando nuestras capacidades desde un lugar diferente al que nos cuentan, sin sentimiento de culpabilidad y al margen de los prejuicios.

—Me has dejado sin palabras, Patricia... —intervino Montse—. Nunca había pensado en mi útero así.

—Ya, no me sorprende —repliqué—. Como tú, la mayoría. Por ello, suelo proponer un ejercicio que me gusta mucho hacer. Lo llamo *cartas al útero*. Es muy sencillo, como casi todo lo que mejor funciona en la vida, y muy potente al mismo tiempo. Por supuesto, carece de una estructura convencional, al igual que el hecho de querer ser madre y no lograrlo, pero si lo realizas como te indico, seguro que obtendrás nueva información.
¿Te animas?

Montse me dio su consentimiento y mostró una excelente predisposición. Con estos ingredientes básicos, nos pusimos manos a la obra.

—Vale, pues elige dos espacios —le sugerí—: uno en el que estés tú, con todo tu ser completo, con todas tus informaciones y tus grabaciones, vividas, heredadas…; y otro espacio en el que vas a situar una representación de tu útero, allí estará el inconsciente biológico de esa parte concreta de tu cuerpo. Si quieres, lo puedes dibujar. No importa si te sale bien o mal; simplemente haz un dibujo tal como te lo imagines, y déjalo en una silla, en el suelo o en cualquier otro lugar que hayas escogido para ubicarlo. El ejercicio consiste en enviaros cartas para establecer una comunicación que hasta hoy no ha existido. Empezarás desde tu persona en general y luego irás a tu útero; si te dejas llevar, es muy fácil. Sé lo que estás pensando: que esto es una locura, que no se te ocurre qué decirle a tu útero… Y cuando tengas que ponerte en el lugar del útero, te parecerá raro hablar en su nombre. Te aconsejo que no busques, solo ponte a la escucha. De ese modo, el ejercicio fluirá sin más.

A continuación, trasládate al primer espacio y conecta tranquilamente con tu cuerpo, con tus sentimientos, y comprueba qué sientes cuando miras ese dibujo y ese lugar en el que está representado tu útero. ¿Qué se produce en ti? Sé sincera y honesta con todo lo que percibas y desees expresar.

Ese fue el inicio de un carteo que transcribiré literalmente, ya que no lo podría reflejar mejor que siendo fiel al texto:

Primera carta de Montse a su útero

Útero, si pudieras decirme lo que te pasa, ¿qué me dirías? Tienes mi completo permiso y mi comprensión para que me cuentes; yo te escucho, no te preocupes, no te voy a utilizar nunca más, ni para mi victimismo ni para nada. Perdóname. La verdad es que estoy un poco perdida porque no entiendo ese gran dolor o qué es lo que te ocurre…, pero ¿cómo puedo ayudarte? ¿Cuál es tu necesidad? Dímelo y ese principio de luz que necesitas lo conseguiré para ti

(Cuando damos rienda suelta al inconsciente pueden brotar las palabras más bonitas o más sorprendentes, porque tal vez manifiestan algo que nunca hayamos pensado de manera consciente).

Yo me encargué de recoger y llevar esa carta al lugar donde se hallaba el útero, y allí la deposité.

Después, invité a Montse a que se desplazase a ese espacio y se convirtiera en el inconsciente de su útero, que se permitiera conectar con la información y que verbalizase lo que fuera necesario.

Acto seguido, cogería la carta y la leería; en esta ocasión, sería el útero el receptor del mensaje.

En el momento de leerla, Montse me confesó que le estaban entrando muchas ganas de llorar.

Le expliqué que era algo perfectamente normal, y que revelaba parte de la emoción impresa en aquel lugar sagrado.

La animé a que llorase, y se deshizo en lágrimas, porque por primera vez alguien lo escuchaba.

Primera carta del útero a Montse

Hay tantas cosas que contar… y hay dolores tan grandes que no se pueden expresar. Lo imposible ahora mismo es salir del sufrimiento; no hay nada más, solo dolor, no hay nada más, tanto dolor, tanto dolor, tanto dolor…

Mientras escribía, como si una fuerza más poderosa que ella guiara su mano, reconoció:

—¡Ufff! Lo que aquí se siente es insoportable.

—No pasa nada —la tranquilicé—. Vete de ahí y regresa al sitio de Montse, donde recibirás esa carta que te remite el útero. Léela y observa qué es lo que provoca en ti.

Tardó un par de minutos en leerla y su gesto delataba que había captado algo. Avancé un poco más:
—Contéstale desde ahí lo que sientas, lo que se te ocurra; ahora, con un nuevo entendimiento.

Segunda carta de Montse al útero

Podría decirte tantas cosas que se suelen decir…, pero la verdad es que yo tampoco sé muy bien cómo explicarme. Solo sé que lo que tú necesitas yo lo haré. Si ahora quieres descansar, eso haremos. Te respetaré, te acariciaré, te arroparé y te amaré. Te quiero, te amo. De pronto te encuentro tan sabio, tan grande… ¿Por qué no aprovechas esa sabiduría y esa grandeza para hacer esto juntos? Lo podemos permitir, podemos crear…, y poco a poco, cuando quieras comenzar a sanar y a disfrutar, yo te ayudaré. Dime dónde debo mirar, sé que es en lo profundo donde debo ver.

Segunda carta del útero a Montse

Mira, ahora mismo el resentimiento no me deja ver. Solo he visto el placer enfrente, quizá por eso sepa que existe, pero en el fondo de mí no sé realmente qué es. Solo me vienen imágenes de placer de otros, del hombre que tengo frente a mí, pero yo no sé qué es y me siento tan pequeño, tan infravalorado… Necesito permitírmelo al menos una vez, ser partícipe o cerrar los ojos y morir. Esperar es desesperar, empiezo a estar cansado de todo, de repetir y de vivir. Eres buena chica, buena persona; observa tu fondo, merece la pena que veas lo que hay en tu interior, pero yo estoy muy cansado…

Al leer el texto anterior, Montse admitió que se había apoderado de ella una hondísima pena, intentaba averiguar por qué no se había dado cuenta de todo eso antes y se preguntaba qué podía hacer.

Disipé sus dudas enseguida: nunca había sido consciente de lo que sucedía, y por consiguiente, no se había ocupado de cambiarlo; en adelante sí podía reconducir la situación y transmitir su escucha, su entendimiento, su tristeza…

Se intercambiaron cuatro cartas más hasta llegar a la última, en la que sus emociones habían aflorado; en la que se había instalado la calma; en la que habían alcanzado un acuerdo para la reconciliación, y a partir de ahí sanar su dolor y comenzar a sentir amor sin rencor. Se habían dicho tanto…

Tercera carta del útero a Montse

Mira tus pies, siempre están ahí abajo en contacto con la madre tierra, no los pierdas de vista. Te agradezco tus palabras, tus ánimos, tu escucha…
Llevo tanto tiempo sufriendo que no me encuentro con fuerzas completamente, pero si tú me ayudas puedo recuperarlas. Solamente quiero que me apoyes, me respetes y me acunes en tus brazos, y yo haré el resto. Gracias.

Con la sensibilidad a flor de piel, Montse accedió a acunarlo cada noche hasta que sintiera que esa reconciliación se había materializado y estaban en paz. Visualizó la imagen en su mente y la describió:
—Es como arrullar a un bebé. Se duerme tranquilo, protegido y amado.

—A partir de hoy, tu útero será un trocito de la magia del universo en ti, porque está completamente conectado a los ciclos vitales de la Tierra, de la Luna…

Es el músculo más fuerte y flexible, perfectamente equipado para cobijar y cuidar de tu bebé. Crecerá hasta multiplicar más de diez veces su tamaño original y hasta ciento cincuenta veces su propio peso. Es mágico. El útero tiene un poder increíble, y ese poder estaba perdido, por eso algunos no reúnen las condiciones óptimas para alojar a un bebé.

Pero no solo desempeña un papel fundamental en lo relativo a tu fertilidad y a la gestación de tu futuro hijo, sino además en lo que se refiere a tu propio poder, tu poder de creación y tu poder de disfrutar, tu capacidad orgásmica. Cuando en nuestro interior podemos sentir un orgasmo intenso, el útero vive, palpita de placer, sonríe y hace bum bum bum como el corazón; se sincroniza con las palpitaciones de la vida, de esa chispa de la vida. Ese instante es único, es grandioso, porque de repente tú ya no eres tu cuerpo, sino que te expandes como el universo y te unes a la frecuencia de la vida creadora; puedes sentirte poderosa como una diosa.

Conforme transcurría la sesión, Montse descubría su enorme potencial como mujer, que había permanecido oculto. Estremecida pero serena, compartió conmigo la siguiente reflexión, y una corriente de complicidad femenina nos recorrió a las dos:

—Me pregunto cómo es posible que ignoremos este centro de poder y cómo no lo honramos cada minuto, y cada mes… Porque trabaja sin descanso para ofrecer el nido más mullido a una vida que empieza, o expulsando sangre menstrual tan rica en células madre como en simbolismo mágico.

¡Qué gran verdad! Hay una leyenda, que menciono en *Las leyes de la fertilidad,* sobre el valor de ese poder creador y sobre cómo nos tenemos que empoderar para procrear. Me gusta trabajar con el acto simbólico y también cambiar el sentido de cómo vives cada regla, porque a veces la afrontamos como un horror, como un odioso indicador de que otro mes más ese bebé tan deseado no llegó. Transforma la sangre de mal agüero en caudal sagrado. Celebra cada menstruación y valora tu matriz como merece. Te aconsejo además que practiques algún sencillo ritual para bendecir y purificar así a tu madre, a tu abuela, a todas tus antepasadas, a tus futuras hijas y nietas, y por supuesto, a ti, para que la herencia malherida se transforme en legado de vida.

Realiza este ejercicio. Te sorprenderá la intimidad que descubrirás…

Bloqueo:
Memorias dolorosas en el útero, que si está emocionalmente dañado, ofrecerá una respuesta física de daño, impotencia, rechazo…, y no podrá acoger al hijo que deseamos.

Origen del conflicto:
Vida cronológica - Período fetal - Herencia emocional

Solución:
Conocer y dejar salir esa información y esa emoción a través de este ejercicio. Reconciliarse con el inconsciente uterino.

Carta testimonio

Trabajé con Marta durante unos siete meses, a lo largo de los cuales se obró en ella una transformación brutal. Su nivel de compromiso era absoluto, y por eso supe enseguida que lo conseguiría, como en efecto ocurrió. Es de esas mujeres que dijo YO VOY A HACERLO TODO, y mientras escribo estas líneas, cuenta los días para ver la carita de su segundo hijo. Solo su historia ya daría para escribir un libro. Juntas llevamos a cabo un intenso trabajo y me contó muchas cosas que yo nunca lograría resumir como ella lo hizo. Su experiencia es única, y así la vivió ella…

Al poquito de quedarse embarazada, me remitió un *e-mail* con su testimonio, que quiero reproducir fielmente, porque nadie sino ella podría explicar mejor lo que pasó.

Espero que te ayude…

Siempre quise ser mamá, y nunca me imaginé mi vida de otra manera. Sin embargo, cuando llegó el momento de serlo, siempre había una excusa para retrasarlo. Estaba totalmente preparada para ello: nos acabábamos de casar, habíamos comprado y reformado la casa de nuestros sueños y también contaba con una gran estabilidad laboral y unos buenos horarios que me permitirían dedicarle más tiempo a mis hijos. Es cierto que podríamos haber elegido ser padres antes, pero de alguna manera necesitábamos tener todo bien atado antes de dar el paso. ¿Por qué tantas excusas para posponer la maternidad cuando tenía tan claro que yo quería ser madre ante todo? Claramente, estaba llena de miedos y de inseguridades, y solo ahora sé realmente de dónde venían.

Tras cumplir los treinta y cinco años, empezaban a acabarse los argumentos que me daba a mí misma para seguir posponiendo mi gran sueño de ser mamá, pero seguía sin poder avanzar hacia mi objetivo. Por aquel entonces, yo ya llevaba un tiempo sin estar bien, pero no me había dado cuenta por mi alto nivel de autoexigencia, la cual, a su vez, me había dejado agotada y exhausta. Eso me hizo entrar en una crisis personal que primero tomó forma de ansiedad y posteriormente se convirtió en depresión.

Recuerdo el momento en el que el médico me dio el diagnóstico, porque en ese mismo instante me di cuenta de que lo que más me importaba en el mundo en esos momentos era ser madre. Hasta le pregunté al doctor si podía no recibir tratamiento porque era contraindicado en casos de embarazo. De repente, ya no podía concebir mi vida de otra manera y se llegó a convertir en una auténtica obsesión. Tardé en reponerme algo más de un año, y en ese tiempo mi estado emocional no me permitió quedarme embarazada. Mi cabeza y, por consiguiente, mi cuerpo, estaban bloqueados.

Tras mi depresión, vino la segunda gran bofetada: mi marido tampoco estaba bien. Mi depresión y un trabajo excesivamente exigente le habían llevado también a él a entrar en otra crisis. Ninguno entendíamos nada, porque habíamos sido tan sumamente felices y justo cuando habíamos conseguido todo, entramos ambos en crisis vitales muy profundas, precisamente cuando nos tocaba ser padres... Mientras tanto, nos habíamos hecho pruebas de fertilidad y nos habían confirmado que, aunque no estábamos mal, era aconsejable recurrir a técnicas de reproducción asistida.

Cuando parecía que por fin salíamos a flote y retomábamos la ilusión otra vez, decidí volver a mi ginecólogo para retomar el tema de ser mamá. Me dijeron que ese mes estaba tan bien que sería una pena no intentarlo y dejarlo pasar. Cuando volví a casa y se lo dije a mi marido, decidimos ir a por ello. Lo teníamos clarísimo. Puede que en aquel momento viéramos la salvación en ese bebé, que nos prometía un futuro feliz y, por otra parte, yo tenía tan claro que eso era lo que quería y que iba a quedarme embarazada, que el milagro se produjo.

Sin embargo, las cosas no estaban ni mucho menos resueltas. Teníamos tanto trabajo personal que hacer todavía... Y otra sucesión de circunstancias inesperadas y muy duras tendrían lugar en nuestras vidas en los meses posteriores, coincidiendo con el embarazo.

Pero el verdadero calvario empezó al buscar a nuestro segundo hijo. El hecho de haber sido padres previamente no significaba que tuviéramos fácil serlo otra vez. Tuvimos que someternos a tres inseminaciones, un ciclo de fecundación in vitro y varias transferencias embrionarias que dieron como resultado cuatro abortos: dos bioquímicos y otros dos en el segundo mes de gestación; en ambos casos, ¡exactamente una semana después de escuchar el primer latido y en la misma semana!

Tras el tercer aborto empecé a buscar respuestas. Sabía que había alguna razón y que no era mala suerte o que no era simplemente mi edad, como muchos médicos decían. Estaba convencida de que los embriones estaban bien y que era algo que ocurría en mi cuerpo lo que provocaba aquellos abortos. Consulté a múltiples médicos, pero yo sabía que había algo más...

No sabía nada de psico-bio-fertilidad, y menos de su influencia en la fertilidad, hasta que la bióloga con la que contacté para que me guiara dentro del mundo de infinitas pruebas médicas ya me habló de estas técnicas. Y justo al mismo tiempo alguien me habló de Patricia y su método. Las respuestas aparecen cuando se buscan, y tuve claro que tenía que intentarlo. Inmediatamente contacté con Patricia y aprendí sobre esos bloqueos invisibles e inconscientes que hacen que no consigamos quedarnos embarazadas. Así supe que la infertilidad no es el verdadero problema, sino una solución que nuestro cuerpo, que funciona perfectamente y que busca ante todo la supervivencia, da como respuesta a una información del inconsciente. Es ahí donde están el problema y la respuesta, y es eso lo que tenemos que trabajar. No quedarnos embarazadas es, por tanto, la solución a otro problema que no es físico. Y ahí me lancé a buscar el origen de mis abortos y mis problemas de fertilidad: ¿por qué era una solución para mi cuerpo rechazar los embarazos? Cuando empecé a pensar de esta manera, todo cambió.

¿Cómo habían podido influir en mis abortos y mis problemas de fertilidad mi familia y mis antepasados? En mi caso, pude comprobar que estaba siendo fiel a las mujeres de mi clan familiar y repitiendo viejos patrones. Había una información inconsciente que había llegado a mí a través de estos antepasados y que estaba bloqueando mis posibilidades de ser madre nuevamente. A causa de unas vivencias determinadas, la infertilidad se convierte en una solución biológica, puesto que no quedarse embarazada supone, por algún motivo, evitar un sufrimiento. Tenía, por tanto, que ir a la raíz del problema para darle una nueva información a mi inconsciente.

En mi árbol genealógico había varias mujeres que habían tenido muchos hijos, y siempre en circunstancias muy duras. La pobreza llevaba a que esos niños pasaran hambre, enfermaran e incluso varios de ellos murieran, sin que sus madres pudieran hacer nada para evitarlo. Ante esta coyuntura, se nos hace fácil imaginar que es posible que estas mujeres no quisieran tener tantos hijos, por lo duro que era verlos sufrir e incluso morir, con lo que es posible también que incluso algunos de estos hijos no fueran aceptados. Este sufrimiento indudablemente quedó grabado emocionalmente, *y acabó generando una alerta en la que el embarazo se convirtió en algo terrible, y por tanto no quedarse embarazada pasó a ser una solución biológica para evitar ese sufrimiento.*

Recuerdo que durante una sesión con Patricia pude sentir claramente la tristeza, la frustración e impotencia de estas mujeres. Recuerdo la falta de aceptación de las circunstancias que les había tocado vivir. Las sentí solas en un mundo en el que eran ellas las que sacaban a los niños adelante con nada o con muy poca cosa. Una de mis abuelas tuvo diez embarazos, dos de los cuales terminaron en abortos. De los ocho niños restantes, solo sobrevivieron cuatro. Y de los cuatro que murieron, pude comprobar, gracias a un libro de familia, que dos de ellos lo hicieron mientras mi abuela estaba embarazada de otros bebés. Había también una bisabuela que tuvo cinco hijas de las que solo sobrevivió una; además, se quedó viuda muy joven en trágicas circunstancias, acabó perdiendo lo poco que le quedaba durante la guerra e incluso tuvo que vivir de la caridad.

Otra bisabuela había tenido seis hijos y murió joven… ¿Os podéis imaginar el sufrimiento que hubo en las vidas de estas mujeres relacionado con la maternidad? Estas mujeres vivieron pérdida, escasez, y no pudieron disfrutar de la maternidad plenamente porque o había muchos niños que suponían mucho trabajo y esfuerzo, o no tenían nada que darles, o no podían salvarles de la enfermedad o de la muerte. Estoy convencida de que amaron a sus hijos con todo su corazón, pero también sufrieron enormemente. Y este sufrimiento asociado a los hijos hace que una buena solución para evitarlo sea no quedarse embarazada, en especial en el caso de pérdida de hijos, porque… ¿qué dolor puede haber mayor que la pérdida de un hijo? La única manera de evitar este gran dolor es precisamente no teniendo esos hijos.

Gracias al trabajo que hice con Patricia pude desvincular toda esa información inconsciente que me decía que el embarazo y los hijos suponían aquel sufrimiento atroz. Además, pude entender no solo uno de los motivos de mis abortos, sino por qué estaba teniendo tantos embarazos: al final, estaba repitiendo el patrón de tener muchos hijos, y la solución al mismo tiempo de no tener-los. También comprendí por qué me había costado tanto lanzar-me a la piscina y por qué necesitaba tener todo tan bien atado y tener «los deberes hechos» antes de tener hijos para que así ellos tuvieran todas sus necesidades bien cubiertas. Y por último, comprendí por qué viví unas circunstancias tan duras durante mi primer embarazo, y es que estas mujeres tenían muy grabada en sus entrañas la relación directa entre sufrimiento y embarazo.

Después de esto, ya estaba preparada para resolver el gran blo-queo que estaba impidiendo este segundo embarazo y que venía de mi primera gestación, por esos acontecimientos tan duros que coincidieron en el mismo lapso de tiempo. Siempre supimos que aquí iba a estar la clave que mi inconsciente necesitaba desentra-ñar para permitir a mi cuerpo un nuevo embarazo a término, pero no pudimos hacerlo hasta que no estuve preparada. Sabía que algo había cambiado en mi cuerpo porque mi primer embarazo, aunque costó un poco, había ido como la seda, aunque había ocurrido algo terrible en la misma semana en la que posterior-mente se producían mis abortos. Para liberar definitivamente este gran bloqueo, tuvimos que ir liberando otros previamente. En ese camino tuve la oportunidad de conectar con mi niña interior, des-pedirme de mis hijos no nacidos, construir una fuerte autoestima para poder confiar en mí y recuperar mi poder creador, reforzar mi deseo de ser madre, aceptar y entender mis miedos, conocer-me mejor a mí misma… y, como hemos visto, liberar también los bloqueos inconscientes.

Cuando llegamos a esta sesión, que fue la que provocó el clic final, llevaba ya seis meses de terapia y diez sesiones y, después de unos meses de descanso, habíamos comenzado otra vez con las transferencias embrionarias. Estaba también en tratamiento médico por trombofilias y por factores inmunológicos. Las sesiones anteriores habían sido muy poderosas. Sin embargo, volví a tener mi cuarto aborto, uno bioquímico, lo que quería decir que quedaba todavía algo que desbloquear, y ahora, por fin, sí estaba preparada. Ese día recuerdo que Patricia comenzó la sesión diciéndome que había llegado ya el momento de abordar aquel conflicto que no había querido tocar. Tenía que desvincular de una vez por todas las circunstancias dramáticas que coincidieron con mi primera experiencia de gestación. Me recuerdo escogiendo objetos —ese día fue una mezcla muy heterogénea de bolígrafos— que representaran todos aquellos momentos duros de mi embarazo. Coloqué esos bolígrafos en el suelo, formando una línea, y cada uno simbolizaba uno de esos momentos. Era una línea cronológica del embarazo de mi primer hijo. Después, Patricia me dio unas piedras para que asociara cada una de ellas con un recuerdo de los momentos maravillosos de mi embarazo, los intrínsecos a cualquier embarazo: cuando confirmas que estás embarazada, las ecos en las que ves crecer a tu bebé, cuando te confirman si es niño o niña y que está bien, sus primeras patadas… También las coloqué en línea en el suelo, separando esta línea de la línea de los bolígrafos.

Recuerdo que una vez estaban las líneas de objetos en el suelo, Patricia me hizo separarlas aún más para que tuviera claro que eran dos circunstancias que habían coincidido en el mismo lapso de tiempo, pero que no estaban en absoluto relacionadas la una con la otra. Me situé físicamente en ambos espacios para que mi inconsciente aprendiera esta nueva información. Y en esos momentos, me invadió una sensación increíble de normalidad. Sentí perfectamente cómo mi inconsciente entendió e integró la experiencia de que un embarazo es siempre algo muy bueno y una fuente de alegría. Algo que para cualquiera puede ser obvio, pero para mí esa posibilidad había desaparecido por lo que viví en el primer embarazo.

Por otra parte, existía en mí un deseo de vivir un nuevo embarazo totalmente feliz, pero me di cuenta que de alguna manera quería vivir esto para reemplazar la vivencia de mi primer embarazo, para *recuperar aquello que yo creía que me había perdido. Esto también lo tratamos para que yo me diera cuenta de que este nuevo embarazo era independiente: sería una experiencia totalmente nueva y única que no tendría nada que ver con nada anterior.*

Al marcharme seguí dándole vueltas a todo lo acontecido durante la sesión, porque de algún modo sentía que no había terminado este trabajo. Cuando llegué a casa, me di cuenta de que en los otros embarazos, aunque se hubieran interrumpido tan pronto, también se dio un patrón de circunstancias externas o internas que me hicieron vivir algún evento o situación dolorosos para mí. De esta manera, decidí repetir el ejercicio de los bolígrafos nuevamente con esos embarazos, tal y como ya lo había hecho con Patricia.

Ese doble clic que se produjo, hizo que muchas cosas cambiaran en mí, y sobre todo me permitió quedarme embarazada en la siguiente transferencia. Hoy, mientras escribo, estoy embarazada de seis meses. Está siendo un embarazo en el que ya no me ha tocado vivir ninguna experiencia dolorosa ajena al mismo, y sobre todo lo estoy viviendo como un proceso maravilloso, único e irrepetible, mágico. Y no solo por lo que supone vivir un embarazo tan deseado, sino por todo lo que cambió en mí durante el proceso. La terapia no siempre fue fácil, porque muchas veces supone mirar a nuestros fantasmas cara a cara, pero siempre fue una alternativa infinitamente mejor a la que suponía el no cumplir este sueño de un segundo bebé. Y sobre todo, fue el reencuentro conmigo misma, que hubiera tenido oportunidad de hacer si no me hubiera visto pasar por estas circunstancias.

Todavía a día de hoy, si me preguntaran por qué quería tanto a este bebé, no sé si sabría contestar, pero lo que sí sé es que siempre he estado muy segura de ello, y esa certeza me ayudó a ser lo rotunda que tenía que ser a la hora de ir a buscarlo. Hice todo lo que estaba en mi mano para ello, y cuando digo todo me refiero a TODO, y en ese camino tuve la suerte de que la psico-bio-fertilidad me acompañara. No solo deshizo los bloqueos, sino que también me dio fuerza, seguridad, valentía… Me ayudó a entender las causas de lo que había vivido y a aceptarlas como lo que eran: algo que aprender sobre lo que poder construir aquello que yo quería. Y mi manera de dejar las dudas y miedos atrás fue precisamente actuar: no solo me involucré en la terapia y me comprometí con Patricia, pero sobre todo, conmigo misma. También me hice mil pruebas y visité a numerosos médicos y especialistas, y dentro de aquel mundo que yo para nada entendía, encontré a los mejores profesionales, a gente muy pero que muy especial, a la que llegué, como llegué a Patricia, gracias a que estuve abierta a ello. Me he sometido a tratamientos médicos, no siempre muy agradables, con la mayor felicidad y alegría del mundo, sin quejarme, sino todo lo contrario, con el mayor de los agradecimientos por haber conseguido llegar tan lejos. Si tantas personas me han acompañado, no solo todos estos profesionales, sino también mi gente cercana, en especial mi marido y mi hijo, siento que es también porque yo al fin lo he propiciado y permitido. Y lo que de entrada era algo duro y difícil de vivir por todo lo que requirió, para mí se convirtió en algo de lo más mágico y fácil. Simplemente fluyó.

Una de las primeras cosas que cambió en mí fue el dejar de preguntarme «¿por qué yo?» y empezar a sentirme inmensamente afortunada por todo lo que iba a descubrir y aprender y por todas las respuestas que iba a encontrar. Incluso he podido llegar a agradecer a esos bebés que se fueron por el regalo que nos dejaron, que es nada más y nada menos que este bebé al que ya le queda muy poco para salir y conocer el mundo, y también las personas en las que nos hemos convertido tras vivir esta experiencia. Día a día seguimos creciendo, no solo el bebé y mi barriga, sino nuestro amor y nuestra familia, nuestros sueños, nuestra felicidad y alegría, nuestro agradecimiento por todo, y nuestra capacidad de asombrarnos. La vida en tanto que es vida, es mágica, y acaba encontrando su camino.

Marta M.

Ayuda para crear nuevas vidas
Hazte Creadora

Creo firmemente que cualquier persona que haya descubierto algo que funciona y que puede ayudar está obligado a compartirlo con la humanidad.

¿Te das cuenta de que, si yo no hubiera escrito este libro, creado mis cursos y compartido todas las herramientas de que dispongo, tú no estarías leyendo esto hoy?

Además, en el caso concreto de la infertilidad existe un sufrimiento adicional por la soledad con que se vive. No lo compartimos, no lo hablamos, no lo contamos… Te preguntan: «¿Para cuándo?», y tú te quedas callada, encerrada en tu dolor.

¿Sabes cuál es la única forma de acabar con este tabú? Que todas le demos un vuelco y lo convirtamos en un problema como otro cualquiera. ¿Cómo sería tu vida si pudieses hablar de ello igual que de una alergia o de una lumbalgia? Nos ahorraríamos tanto dolor, compartiríamos tanto conocimiento, tantos momentos, tanta sabiduría…, que de repente la soledad se transformaría en compañía, en comprensión, en ayuda, de manera que una parte del problema se mitigaría.

Un día, en una conferencia, oí que un tema considerado tabú no está en equilibrio con la sociedad, y por tanto, tampoco en orden con los seres humanos, así que para recuperar el equilibrio yo me he propuesto romper con prejuicios absurdos. ¿Te unes a mi causa?

Te animo a que colabores conmigo en mi misión de ayudar a todas las mujeres que tienen dificultades para quedarse embarazadas, porque tú y yo, juntas, podemos hacer mucho por ellas. Cuando las arañas se unen pueden atar al león.

Cuando yo estaba como tú, me sentía muy muy sola. Es uno de los obstáculos más grandes con los que nos encontramos en esta búsqueda de la maternidad: la soledad con la que vivimos el proceso.

Te aseguro que conozco muy bien la angustia por la que pasas o has pasado, pero todo lo que te cuento en mis libros logró transformar mi vida, mi persona, mi cuerpo y mis resultados. Logré ser madre, y sobre todo disfrutar y aprender mucho del camino hacia el objetivo.

Si te ha gustado lo que has descubierto, lo que has aprendido y los cambios que has obtenido, y crees que puede ayudar a otras mujeres como tú y como yo, dalo a conocer. ¿Cómo? Tienes muchas formas de hacerlo:

- Valora el libro y deja tu comentario en las redes sociales de Patricia Bartolomé.
- Hazte una foto con este libro o copia un fragmento del texto de este libro y compártelo (indicando la fuente de la que lo has obtenido).
- Envíame a lasleyesdelafertilidad@patriciabartolome.com cualquier cambio, descubrimiento, sugerencia o testimonio que pueda ayudar.
- Recomiéndalo o regálaselo a alguien. Piensa en mujeres a las que les puede venir bien. Quizás estén pasando por lo mismo o quizás pronto se plantearán ser madres…¿y si esa mujer cumple su sueño por tu pequeño acto de ayudar y compartir?

Eso sí: compartir no es reproducir. No fusiles el contenido, no redistribuyas este libro o alguna de sus partes a terceros sin previa autorización. Es ilegal, y no solo te traicionarías a ti, sino también al universo. No piratees mi sueño de ayudar; el karma es más poderoso que tú y que yo, y puede piratear el tuyo. Tengo dos historias muy curiosas al respecto, pero no son objeto de este apartado; te las contaré en otra ocasión.

Si conoces a otras mujeres que no logran ver cumplido su deseo de ser mamás, cuéntales que estamos creando una comunidad donde nos sinceramos, nos apoyamos, resolvemos dudas del libro y nos llenamos de energía para conseguir el objetivo. Escríbeme y te explico cómo pertenecer a este grupo. Recuerda que un grano no hace granero, pero ayuda al compañero.

Y probablemente te preguntes: «Hacer esto..., ¿a cambio de qué?». No lo sé, tal vez a cambio de que el universo te ayude a ti, quién sabe... Lo cierto es que la vida es un bumerán, aunque no siempre lo que damos vuelve a nosotros de la misma forma o de la misma persona; pero si das, recibes. ¡Prueba!

Yo tengo esta rara manía de compartir lo que me ha ayudado. Ya conoces la ley del movimiento: dar... recibir... crear... LA VIDA ESTÁ EN MOVIMIENTO, muévete tú también, no te quedes parada, no bloquees la energía, ¡muévela!

Además, practico un principio desde hace varios años: donar el 10% de todo lo que recaudo con mi trabajo y mis libros para ayudar a otras causas, a ONG y a más mujeres a superar sus problemas de fertilidad, a investigar su origen, con el propósito de acabar con este sufrimiento. Así que como cuando uno pide, el universo le da, te pido que me ayudes. Con nuestra experiencia y nuestros resultados podemos ayudar a más.

Decidas lo que decidas, gracias.

«Las grandes oportunidades para ayudar a los demás rara vez vienen, pero las pequeñas nos rodean todos los días». (Sally Koch)

Agradecimientos

A la vida, a los obstáculos, a las posteriores bendiciones y a los milagros que me han hecho llegar hasta aquí: no solo a ser madre, sino a poder hablarte de ello hoy a ti.

A cada una de las historias que forman parte de estas páginas.

A cada una de las valientes mujeres que pasan por mi método y el programa de «Las Leyes de la Fertilidad», por desnudarse ante mí de esta manera.

A nuestros inconscientes, que se abren como puertas de par en par para que huyan los miedos.

A cada uno de los árboles genealógicos y a todos nuestros ancestros.

A nuestros proyectos, a nuestra concepción, a nuestra gestación, a nuestro nacimiento, a nuestras vivencias, a nuestras memorias, a nuestros ancestros, a nuestras vidas pasadas y a nuestras almas que nunca mueren.

Gracias

¡¡¡Y más agradecimientos!!!

GRACIAS A TODAS LAS QUE HABÉIS COMPARTIDO CONMIGO VUESTRA HISTORIA, POR PERMITIRME ENTRAR EN LO MÁS ÍNTIMO Y ACOMPAÑAROS EN VUESTRO PROCESO DE CREACIÓN.

GRACIAS A TODAS LAS ALMAS QUE COMO RECOMPENSA HAN VENIDO.

8 DE NOVIEMBRE DE 2017
Hola Patricia 18:49
Hoy me transfirieron 2 embrioncitos 18:49
Tienen 3 más en observación por si evolucionan bien y los congelan 18:49
Además los dos q me pasaron son de calidad A 18:50
Siempre he obtenido solo uno de calidad C 18:50
Y esta vez es todo muy diferente 18:50
19:12
Muchas gracias por contarme 19:12
Nada! Creo que mis buenos resultados se deben a trabajo contigo 22:03
Escribe un mensaje

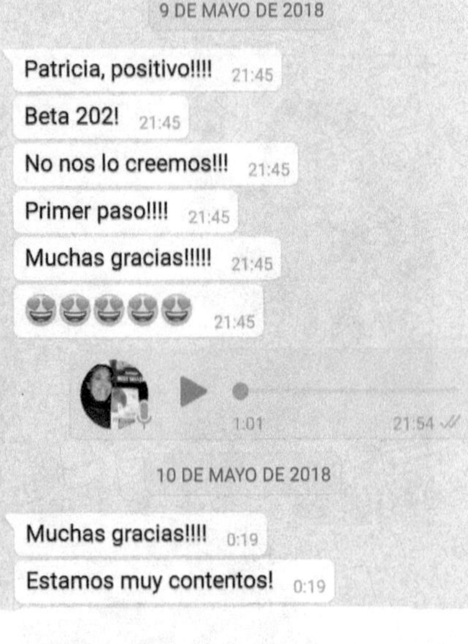

9 DE MAYO DE 2018
Patricia, positivo!!!! 21:45
Beta 202! 21:45
No nos lo creemos!!! 21:45
Primer paso!!!! 21:45
Muchas gracias!!!!! 21:45
21:45
1:01   21:54
10 DE MAYO DE 2018
Muchas gracias!!!! 0:19
Estamos muy contentos! 0:19

El audio meditación que te dije.... 20:44
Gracias! 22:36
20 DE NOVIEMBRE DE 2017
02:04   19:42
02:56   21:47
Mil gracias Patricia 22:12
Eres un amor y una profesional increíble 22:12
Esto que haces no tiene precio 22:12
Gracias de corazón 22:13

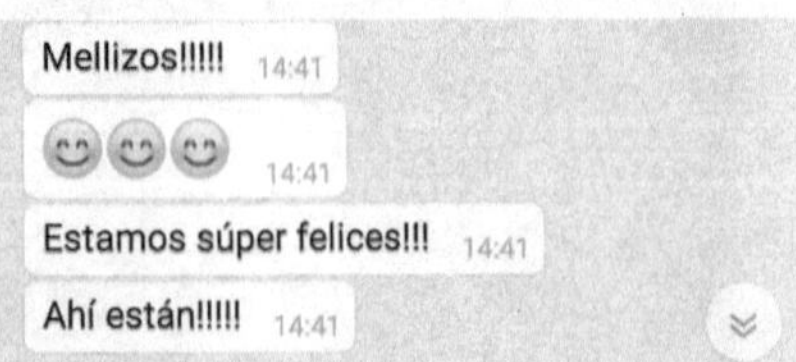

26 DE MAYO DE 2018
Patricia!!! Estoy embarazadisima!!!!! Así que te tengo que molestar en sábado, pero es que eres parte muy importante de esto. Gracias 10:48
10:50
No tengo iconos suficientes 10:50
No es una molestia para nada y siendo una tan buena noticia menos 10:50
Y no sólo por esto sino por todo lo que he ganado 10:50
Hombre claro de eso se trata!!!! 10:50
Conocerte ha sido de las mejores experiencias de mi vida 10:50
Gracias 10:50
Mellizos!!!!! 14:41
14:41
Estamos súper felices!!! 14:41
Ahí están!!!!! 14:41

Y hablando de agradecer…
Laín y *La voz de tu alma*

Ya sabes que hay una persona muy especial para mí que me ha ayudado a sacar a la luz estos libros: es mi mentor, Laín García Calvo, un ser excepcional, de pasión y mentalidad imparables, que les ha dado un empujón a mis sueños. Hoy sé lo importante que es contar con alguien que te acompañe adonde tú quieres llegar, porque yo he tenido a Laín a mi lado.

Me gustaría que te sirviera de ejemplo su historia personal, acerca de cómo alcanzar los objetivos contra viento y marea, a pesar de que muchos opinen que es imposible… Porque esa es la actitud única y necesaria para conseguir lo que uno realmente se propone. Él se marcó como meta salir de una enfermedad «incurable», ser campeón de España y campeón olímpico, además de situarse como *best seller* y estar hoy donde está.

Te recomiendo, además de su obra maestra *La voz de tu alma,* toda su saga. Cada libro es un tesoro. GRACIAS, LAÍN.

Christian Flèche y la descodificación biológica de las enfermedades

Necesitaría un libro entero para agradecer a Christian lo que me ha enseñado. En primer lugar, la posibilidad de descubrir innumerables programas inconscientes instalados en mí, que han producido un cambio completo en mi biología, en mis emociones y en mis creencias.

La suya es otra forma de ver la vida y el cuerpo, una manera de vivir la unidad del ser humano, de la que aprendí que cuerpo, mente, emoción y espíritu son inseparables. Una filosofía de vida para sentirme en una unidad en mí misma y en relación con el resto del universo. Una posibilidad de poder y de sanación.

De él aprendí además multitud de herramientas para llevar a cabo mi propósito de vida, para hacer que el mundo conozca el sentido biológico inconsciente de cualquier «problema» y así convertirlo en una solución y en su mayor transformación.

Lo mejor que puede entregar una persona es su sabiduría, y él comparte la suya sin límites conmigo y con el mundo.

Gracias, Christian. Millones de gracias.

Otros títulos de la autora y de la trilogía de Las Leyes de la fertilidad:

«Hoy soy feliz porque tengo a mis pequeños, pero ya era feliz antes de conseguir mi objetivo, porque con las enseñanzas de Patricia y aplicando estas leyes de la fertilidad he conseguido otro objetivo también muy valioso, que es darme la vida a mí misma. Gracias».

(Silvia Flores)

«Pura sabiduría. El origen por el que muchas mujeres no pueden tener hijos a veces no está al alcance de nuestros ojos. El problema no es solo físico, se halla en una herencia emocional transmitida, en un estado emocional equivocado y en un desajuste mental a la hora de afrontar la fertilidad.
Página a página, Patricia te desvela el poder para recuperar tu poder creador y la salud de la cuna interior que todas llevamos dentro».

(Amadora Espinar)

www.ingramcontent.com/pod-product-compliance
Lightning Source LLC
LaVergne TN
LVHW092344170726

843489LV00001B/24